软件正版化知识

RUANJIAN ZHENGBANHUA ZHISHI

总策划　陆志强
主　编　任天华
编　委　李有国　于　萍　杨　华　张永新
编　者　姜　川　汤德佑　牟晋军　瞿政祥
　　　　薛　露　李允豪　梁艳芬　李　素
统　稿　汤德佑　梁守坚
插　图　王培堃
策　划　广州市版权局
　　　　广东省版权保护联合会

华南理工大学出版社
SOUTH CHINA UNIVERSITY OF TECHNOLOGY PRESS
·广州·

图书在版编目（CIP）数据

软件正版化知识/任天华主编．—广州：华南理工大学出版社，2017.4
ISBN 978-7-5623-5232-7

Ⅰ.①软…　Ⅱ.①任…　Ⅲ.①软件-版权-管理-中国　Ⅳ.①D923.414

中国版本图书馆CIP数据核字（2017）第066629号

软件正版化知识

任天华　主编

出 版 人：卢家明
出版发行：华南理工大学出版社
　　　　　（广州五山华南理工大学17号楼，邮编510640）
　　　　　http://www.scutpress.com.cn　E-mail: scutc13@scut.edu.cn
　　　　　营销部电话：020-87113487　87111048（传真）
责任编辑：吴翠微
印 刷 者：广州市番禺日报印务中心
开　　本：787mm×1092mm　1/16　印张：8.5　字数：154千
版　　次：2017年4月第1版　2017年4月第1次印刷
印　　数：1～5000册
定　　价：35.00元

版权所有　盗版必究　印装差错　负责调换

前　言

　　计算机软件出现于20世纪50年代，是当代信息技术领域技术创新的重要成果之一。20世纪60年代后，随着计算机技术的不断进步，软件业从计算机工业中独立出来，逐渐成为信息化革命最活跃的领域之一，并得到迅猛发展，广泛应用于经济社会各个方面。目前，软件产业已经成为信息产业的核心和灵魂，成为国民经济发展的先导性、基础性、战略性产业和信息化建设的关键环节，在促进国民经济发展进程中具有重要地位。

　　2001年我国加入世界贸易组织（WTO），我国政府郑重承诺履行WTO的一系列规则，其中包括加强对知识产权保护的工作。软件知识产权因其具有基础性和先导性的特殊性质，现代产业的发展都难以脱离它而存在，因此，软件产业成为关系国家经济和社会发展的战略性产业。

　　所谓软件正版化，是指使用开源或免费的软件来代替非授权软件，或者购买正版软件代替原来安装的非授权软件。大力发展软件产业，推动软件正版化，加强软件版权保护，对鼓励软件创新、净化软件市场环境、实施创新驱动发展战略、加快创新型国家建设具有重要意义。

　　我国在推进软件正版化、保护知识产权、鼓励创新等方面所付出的努力，证明中国是积极投身于国际经济社会秩序建设、积极履行国际义务的负责任的大国。软件的正版化工作，对提升我国的国家实力以及国际形象、促进中国对外贸易和对外交流具有重要意义。

　　近年来，我国政府对软件版权保护高度重视，并且为此做出了巨大的努力，取得了显著的成效。尤其是，自2001年以来，我国两次修订《中华人民共和国著作权法》和《计算机软件保护条例》，不断加大软件版权保护力度，采取有效措施推进软件正版化工作，严厉打击各类侵犯软件知识产权的行为，使软件产业得到了健康发展。

为了普及软件正版化知识，广州市版权局联合广东省版权保护联合会、中国版权保护中心、华南理工大学软件学院、盈科律师事务所（广州）等单位的专家、学者以及法律工作者编写本书。本书用通俗易懂的语言、图文并茂的形式对软件正版化的意义、软件资产管理、使用非授权软件的法律风险等方面的基本知识进行介绍，对软件侵权典型案例进行分析，旨在帮助读者尤其是软件使用者、软件资产管理人员，了解和掌握计算机软件的有关知识、相关法规、软件版权保护方式和维权渠道，自觉使用正版软件，尊重智力劳动成果，维护软件权利人的合法权益。

由于本书编写时间仓促，不足之处在所难免，希望读者批评指正。

广州市版权局

2017年2月

目 录

第一章 软件正版化的重要意义……………………………001

第二章 软件分类……………………………………………014

第三章 软件资产管理………………………………………037

第四章 企业软件资产管理制度的示范文本………………064

第五章 使用非授权软件的法律风险………………………085

第六章 软件侵权典型案例分析……………………………095

附录一 正版软件管理工作指南……………………………108

附录二 有关法律、司法解释和行政法规…………………128

第一章 软件正版化的重要意义

目前，软件产业已经成为信息产业的核心和灵魂，成为国民经济发展的先导性、基础性、战略性产业和信息化建设的关键环节，在促进国民经济发展进程中具有重要地位。软件产业的产生与发展，为提高企业和其他经济组织的生产与创新效率提供了重要的工具基础，更为千家万户的日常生活提供了更多便利。

美国商业软件联盟（Business Software Alliance，BSA）在2016年5月所发布的统计报告中指出，与北美地区的17%相比，亚太地区是非授权软件使用情况严重的地区，PC端（包括台式电脑、笔记本电脑、平板电脑等）使用非授权软件的比重达到了61%。BSA的报告同时也提到，虽然通过多年来的教育和软件正版化措施的实施，以及人们对非授权软件防范意识的不断提高，全世界非授权软件使用率有所下降，但从2006年至2016年的10年间，仅从43%降到了39%。软件的正版化道路任重道远。

软件正版化的意义，需要从非授权软件的含义与危害、软件正版化的含义以及推进软件正版化的意义等三个方面进行阐述。

一、非授权软件的含义与危害

人们通常把"Unlicensed Software"（非授权软件）直接等同于"盗版软件"，但目前法律与司法实践中尚未对"盗版软件"有明确的定义，"盗版软件"只是公众对非法复制或未经授权而修改、破解的一些侵权软件的笼统称呼。本文所称非授权软件是包括"盗版软件"在内的，非法复制的软件、被修改后的软件破解版、被非法获得的注册码激活的原版软件等没有授权的侵权软件，或有授权但超出授权使用的范围进行多次安装的侵权软件。使用非正版软件的行为在普通用户乃至一些重视自身信息保密的企业仍十分常见。

从非授权软件的消极影响看，非授权软件的危害早已为越来越多的互联网使用者所认识，其主要体现在以下几个方面。

1. 侵犯软件开发者的著作权

根据《中华人民共和国著作权法》（以下简称《著作权法》）第三条："本法所称的作品，包括以下列形式创作的文学、艺术和自然科学、社会科学、工程技术等作品：（一）文字作品；（二）口述作品；（三）音乐、戏剧、曲艺、舞蹈、杂技艺术作品；（四）美术、建筑作品；（五）摄影作品；（六）电影作品和以类似摄制电影的方法创作的作品；（七）工程设计图、产品设计图、地图、示意图等图形作品和模型作品；（八）计算机软件；（九）法律、行政法规规定的其他作品。"由此，计算机软件属于受我国《著作权法》保护的对象，其著作权人依法享有发表、修改、复制、发行等一系列人身和财产权利。

根据中华人民共和国《计算机软件保护条例》第二十四条规定，①复制或者部分复制著作权人的软件的；②向公众发行、出租、通过信息网络传播著作权人的软件的；③故意避开或者破坏著作权人为保护其软件著作权而采取的技术措施的；④故意删除或者改变软件权利管理电子信息的；⑤转让或者许可他人行使著作权人的软件著作权的，都是侵犯著作权的行为，侵权人应当根据情况，承担停止侵害、消除影响、赔礼道歉、赔偿损失等民事责任；同时损害社会公共利益的，由著作权行政管理部门责令停止侵权行为，没收违法所得，没收、销毁侵权复制品，可以并处罚款；情节严重的，著作权行政管理部门并可以没收主要用于制作侵权复制品的材料、工具、设备等；触犯刑律的，依照刑法关于侵犯著作权罪、销售侵权复制品罪的规定，依法追究刑事责任。

2. 危害正版市场的发育和发展

对经营者而言，非授权软件经营者无需购买授权，逃避应缴税额，故价格往往比合法的出版物便宜许多，低廉的价格成为非授权软件挤压正版软件生存空间的最重要方式。对消费者而言，虽然关于使用正版的宣传和教育一直在进行，但有些人始终未培养起尊重正版、抵制盗版的消费习惯。若消费者缺乏正版意识，正版市场的发育与发展终将遥遥无期，合法、规范的市场秩序也无从谈起。

与此同时，使用非授权软件也使进行软件研发和商业化的产业蒙受市场利润和商业机会的损失。根据BSA和互联网数据中心（Internet Data Center，IDC）在2016年对116个国家与地区进行的非授权软件的数量及价值进行的统计，非授权软件的商业价值达522亿美元。非授权软件的存在，严重影响了软件企业的生存与发展，使正版软件的研发、生产、销售企业在竞争中处于不利地位。

3. 严重影响软件市场的管理与税收

非授权软件经营者缺乏授权资格，混淆市场上的正版软件，逃避所在国的应缴版税，是对国家市场管理和税费征收秩序的挑战与破坏。

4. 使用者无法获得质量与售后服务保证

由于非授权软件不存在授权，而只是进行简单的破解或复制，进行非授权软件销售或发行的经营者根本无法对软件来源的合法性、质量进行保证，也无法提供更新、维护服务，更无法给予使用者其他受法律保护的服务内容。因此，使用非授权软件，对于使用者自身而言也是一种风险和损害。

5. 存在恶意网络攻击、网络病毒传播、信息泄露等安全隐患

非授权软件的危害还体现为安装非授权软件带来的巨大网络安全隐患。首先，安装非授权软件已被证明与遭受恶意网络攻击危害有重大联系。BSA所做的统计报告指出，恶意的网络攻击每"成功"一次，平均要对一个企业造成1 100万

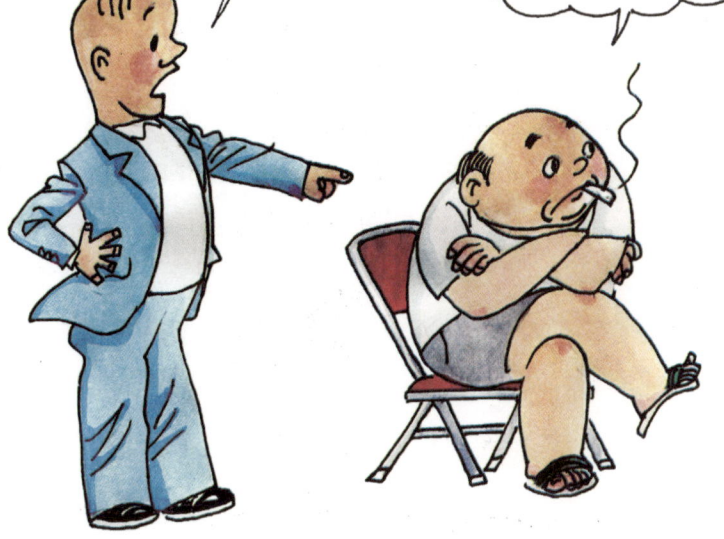

美元的损失。而在总量上,根据IDC的估算,2015年全世界企业为应对网络攻击所付的代价超过4 000亿美元。

而且,非授权软件所引发的网络病毒传播问题,也可谓互联网时代全世界软件使用者的头号公敌。非授权软件中存在的附加恶意软件或携带的电脑病毒,实际上是在使用者的电脑上安装了"不定时炸弹"。它们入侵使用者的电脑,造成系统崩溃,这些隐患已经进一步变成了使众多互联网用户遭受损害并付出惨痛代价的事实。

除此之外,因使用非授权软件而造成的数据丢失、数据外泄、知识产权或专有信息的丢失,已使全世界的众多互联网用户付出了高昂的代价。根据世界最大的软件实体、信息工业跨国公司IBM在2015年所做的行业调查,受调查的60%的企业表示,"信息被窃"与"网络犯罪"是对他们企业声誉的最大威胁。2015年,每7分钟就有组织遭受一次恶意网络攻击;超过10亿个人记录通过信息泄露被窃取。

6. 遏制创新

软件作为基础和战略性产业，其研制、生存和发展都很艰难，资金和智力投入都很大，而且时间长，侵权盗版者不劳而获，坐享其成，这对于研发者、权利人无疑是极大的损害，对其创新积极性是极大的遏制和伤害。

更大的问题在于，一个国家若缺乏支持和使用正版软件的环境和土壤，无法对创造性成果进行保护与鼓励，势必抹杀行业、企业的创新积极性，最终妨碍国家的创新与发展。

非授权软件的显著危害，使得各个国家一再把软件的正版化工作提上发展议程。在中国，提升全民对软件正版化的认识，推动软件正版化的实践，也成为建设创新型国家道路上重要的一步。

二、软件正版化的含义

软件正版化，是使用开源或免费的软件来代替非授权软件，或者购买正版软件代替原来安装的非授权软件。

软件正版化需要三个层面的努力：从国家层面，需要不断完善法律法规，出台各项政策，保护软件产业的创造性成果，打击并遏制侵犯软件著作权的行为，培育创新环境，支持研发与创新企业的生存与发展；从企业层面，需要自觉使用正版软件，提升企业规范管理水平；从消费者个人层面，需要培养使用正版的消费习惯，抵制"盗版"，共同营造全社会鼓励和支持创造的风气。

三、推进软件正版化的意义

从使用正版软件的积极作用看，实现软件的正版化，对于国家、产业、企业、个人的发展都具有重要意义。

1. 对提升国际形象的意义

在国际形象方面，软件正版化是中国履行国际义务、承担国际责任的一项重要内容。2001年我国加入WTO，我国政府郑重承诺履行WTO的一系列规则，其中包括对知识产权保护的加强。而软件在知识产权中的特殊性，又在于其具有基础性

和先导性，现代产业的发展都难以脱离它而存在，故软件产业也成为关系国家经济和社会发展的战略性产业，在履行国际义务方面需要特别的关注与支持。

为此，中国政府采取了许多重要措施以实现软件正版化，例如，从2000年开始推动到2013年达到预期目的的软件正版化工程。

2000年6月，国务院印发《关于鼓励软件产业和集成电路产业发展若干政策的通知》，规定任何单位在其计算机系统中不得使用未经授权许可的软件产品。

2001年10月，国务院办公厅印发《关于使用正版软件清理盗版软件的通知》，对国务院系统使用正版软件工作进行了全面部署。自此，软件正版化工作在中国全面启动，2002年5月完成了国务院系统软件正版化工作。

2004年5月，国务院办公厅对省、市级政府机关使用正版软件工作进行部署；2004年12月、2005年12月分别完成了省、市两级政府机关软件正版化工作。

2006年4月，国家版权局等九部委联合发布《关于印发〈关于推进企业使用正版软件工作的实施方案〉的通知》，全面部署企业软件正版化工作。

2010年10月，国务院办公厅印发《关于进一步做好政府机关使用正版软件工作的通知》，部署中央、省、市、县四级政府机关软件正版化检查整改工作。

2011年1月，国务院印发《关于进一步鼓励软件产业和集成电路产业发展若干政策的通知》，要求进一步推进软件正版化工作，探索建立长效机制。

2011年5月，135家中央国家机关完成软件正版化检查整改工作。

2012年1月，国务院批复同意建立由原新闻出版总署（国家版权局）牵头、15个部委组成推进使用正版软件工作部际联席会议。

2012年6月，31个省（区、市）级政府机关完成软件正版化检查整改工作。

2013年3月，全国59.11%的地市级、32.28%的县级政府完成软件正版化检查整改工作。

2013年12月底，中央至地方四级政府机关、中央企业三级以上企业、大中型金融机构、新闻出版行业企业集团总部全部实现软件正版化，累计20848家企业完成软件正版化，中国软件正版化工作取得阶段性成果。

政府部门的带头实施，为企业以及民众用户起到了良好的示范作用。目前，软件正版化工作已经在更广泛的范围内进行。中国在推进软件正版化、保护知识产权、鼓励创新与研发方面所付出的努力，证明中国是积极投身于国际经济社会秩序建设、积极履行国际义务的负责任大国。软件的正版化工作，对提升中国的国际形象、促进中国对外贸易和对外交流的顺畅开展具有重大意义。

2. 对推动国家发展的意义

对国家发展而言，软件正版化是国家保护知识产权、保持经济高速发展和建设创新型国家的需要。加强软件版权保护，对鼓励软件创新、优化市场环境、实施创新驱动发展战略、加快创新型国家建设具有重要意义。近年来，我国政府对软件版权保护高度重视，做出了卓有成效的努力。自2001年以来，两次修订《著作权法》和《计算机软件保护条例》，不断加大软件版权保护力度。同时，采取有效措施推进软件正版化工作，严厉打击各类侵犯软件知识产权的行为，净化软件市场环境，大力推进使用正版软件工作。

实际上，保护知识产权和建设创新型国家的重要意义，早已被发达国家的实践所证明。例如，20世纪80年代开始，美国开始实行知识产权发展战略，对内调整产业结构，进行相应的知识产权改革，制定法律，重新界定知识产权的权利归属和利益分配，包括知识产权的实施者和推动者及管理者的权益；对外则谋求

美国知识产权权利人在全球利益的最大化，推动《与贸易有关的知识产权协定》（TRIPs协定）签署。美国的实践证明，软件正版化对于其经济高速发展和推动创新事业的发展发挥了重要作用。我们更要吸取发达国家的有益经验，迎头赶上，实现知识产权强国建设的战略目标。

3. 对发展软件产业的意义

对我国软件产业的发展而言，软件正版化是营造与保护研发环境、促进中国软件产业发展的基本保障。当前中国软件企业发展存在的问题在于：研发投入不足；对民族软件产业的扶持和保护不够；国产软件公司本身缺乏长期发展的理念，对市场缺乏系统经营；国外软件企业在中国市场占据垄断或主导地位，民族软件产业发展空间有限等。在此背景下，国民使用非授权软件现象普遍，软件保护环境未根本改善，侵权、盗版仍然是制约软件产业特别是民族软件产业发展的关键因素，这对于真正投入研发的企业而言是巨大的伤害。因此，要解决我国软件产业发展的种种问题，就必须从"内因"出发，抓住提升软件正版化的关键点，着力提升我国软件企业的竞争力。

从现实经济效益的角度来看，软件正版化工作也的确对软件产业的发展产生了显著的积极效果。据中华人民共和国工业和信息化部（简称工信部）信息化和

软件服务业司统计，2003年软件行业营业收入为1915.1亿元，GDP占比为1.41%；2013年为3.06万亿元，GDP占比为5.45%。11年间，软件行业营业收入增长近15倍，其占GDP比重增长近3倍。从软件行业营业利润看，利润从2007年的584亿元增加到2013年的3861亿元，7年间增长近6倍。从软件产品销售收入看，2007年为1894亿元，2013年为9887亿元，7年间增长4倍多。对软件企业调研的数据结果也显示，软件企业认为，在促进软件销售收入快速增长的众多因素中，软件正版化工作起了非常直接的推动作用。

4. 对企业发展的意义

对企业而言，软件正版化是保证企业信息安全，提升企业规范管理水平的必然道路。使用非授权软件的企业用户，目前在全世界范围内都不是少数。由于缺乏准确全面的文档，缺少相应的操作使用培训，也没有软件厂商提供的技术支持和服务，企业使用非授权软件尤其是大型非授权软件的后果，轻则达不到企业所预期的效果，造成时间和金钱的损失；重则破坏整个商业操作系统，危及企业的声誉及形象，使企业受到公众舆论的谴责，甚至可能导致严重法律后果。因此，对于企业而言，使用正版软件，不仅是提升企业自身网络信息安全的需要，更是企业规避法律风险、提升管理水平的必要举措。

5. 对个人用户的意义

对个人用户而言，软件正版化是提升用户体验，防范个人网络信息安全风险的有效措施。每个互联网使用者都应该是软件正版化工作的支持者和受益者。强调软件正版化的重要意义，不意味着个人就与之毫无关联，相反，只有互联网使用者都对网络信息管理共同自发地行动，软件正版化的任务才能最终完成。

使用正版软件，对于个人而言也大有裨益：①保证软件的完整性与安全性；②保证软件性能稳定；③保证软件后续的更新、售后技术支持与服务。

当然，目前中国对正版软件以及其他正版作品的消费习惯还没有完全培养起来，要实现"人人用正版"，依旧有很长一段路要走。

第二章 软件分类

计算机软件（Software）出现于20世纪50年代，是当代信息技术领域技术创新的重要成果之一。19世纪60年代后，随着计算机技术的不断进步，软件业从计算机工业中独立出来，逐渐成为信息化革命最活跃的领域，并得到迅猛发展，广泛深入应用于经济社会各个方面，产生了大量的软件。

对软件的分类方法有很多，可以从功能、服务对象、投入规模、服务方式、可靠性等方面进行分类。本章简要介绍按功能进行的软件分类。

一、概述

按功能的分类是按照软件在计算机系统中所处的功能层次进行分类，是最常见的一种分类方法，通常将软件分为：系统软件、支撑软件和应用软件。其中系统软件是支撑各类软件运行的特定软件集合，支撑软件是协助用户开发软件的工具性软件，而应用软件是用户为了完成、满足某些特定需求而开发的软件。上述三类软件均可进一步细分，如图2-1所示。

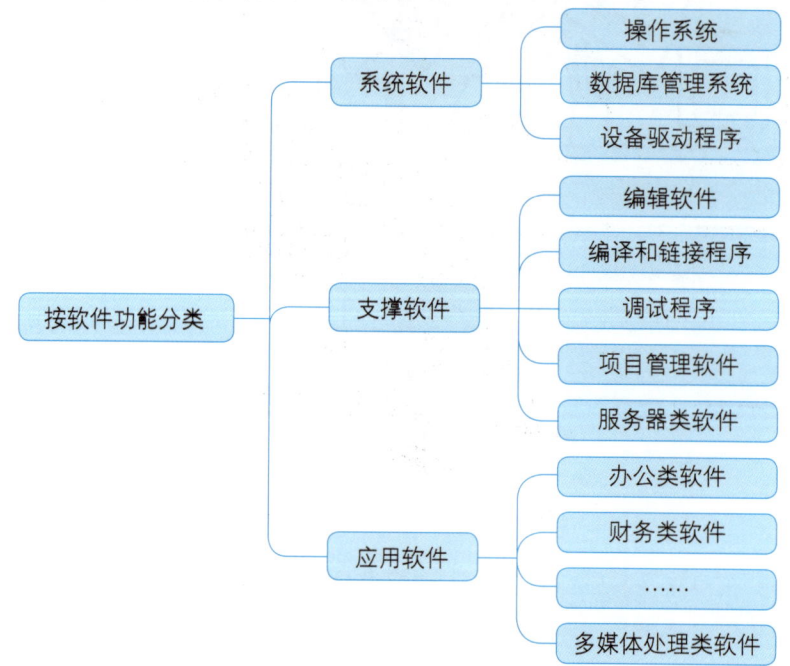

图2-1 按功能划分的软件分类

二、系统软件

系统软件是控制和协调计算机及外部设备，支持应用软件开发和运行的系统，是无需用户干预的各种程序的集合。其主要功能是调度、监控和维护计算机系统，并负责管理计算机系统中各种独立的硬件，使得它们可以协调工作。主要的系统软件有操作系统、数据库管理系统和设备驱动程序等。

系统软件就像乐队的指挥，有效地控制和协调庞大的计算机系统，进行高效的工作。

1. 操作系统

操作系统（Operating System，OS）是管理和控制计算机硬件与软件资源的计算机程序，是直接运行在"裸机"上的最基本的系统软件，其他软件都必须在操作系统的支持下才能运行。操作系统通常会提供各种形式的用户界面，使用户有一个好的工作环境，为其他软件的开发提供必要的服务和相应的接口。

飞行员利用操纵方向杆和脚踏开关让直升机自由飞行。

计算机却不需要由人操纵，它由系统软件中的操作系统来管理和控制，让计算机自动进行复杂的运算。

不同类型的计算机使用的操作系统不同，大中型计算机及超级计算机有专门定制的操作系统，如超级计算机"天河二号"使用银河麒麟（Kylin）操作系统；个人计算机（PC）则有较多商用或开源的通用操作系统，如PC机常见操作系统有Windows系列、Unix类、Linux类和Mac OS等操作系统；嵌入式计算机或移动终端需要专门的操作系统，如智能手机常用的操作系统有Android、IOS等。

2. 数据库管理系统

数据库管理系统（Database Management System，DBMS）是一种操纵和管理数据库的大型软件，用于建立、使用和维护数据库。DBMS对数据库进行统一的管理和控制，以保证数据库的安全性和完整性，将用户意义下抽象的逻辑数据处理转换成为计算机中具体的物理数据处理的软件。借助DBMS，用户可以在抽象意义下处理数据，而不必顾及这些数据在计算机中的布局和物理位置。

目前主流的商用DBMS有Oracle、IBM DB2、MS SQL Server、Sybase、MySQL等。国产DBMS则有东软集团股份有限公司的OpenBASE、达梦数据库有限公司的DM、北京人大金仓信息技术股份有限公司的KingbaseES和北京神舟航天软件技术有限公司的OSCAR。

计算机有头脑，会运算，会思考，所以叫"电脑"。计算机运算和思考离不开大量的数据。这些数据得有一个专门的软件来操纵和管理，使之形成系统，即数据库，以便于计算机进行工作。这个负责操纵和管理数据库的软件，就是数据库管理系统。

3. 设备驱动程序

设备驱动程序是一种可以使计算机和设备通信的特殊程序。设备驱动程序相当于硬件的接口，操作系统只有通过这个接口，才能控制硬件设备的工作。如果某种硬件设备的驱动程序未能正确安装，该设备便不能正常工作，因此任何需要连接到计算机系统的硬件设备均需要正确安装驱动程序。

对PC机而言，操作系统通常会为常用的设备提供通用的驱动程序，如主板的芯片组驱动、USB驱动、光盘驱动、显卡驱动、网卡驱动等。如果是用户设计的专用的硬件设备，必须针对设备连入的计算机所用的操作系统类型开发对应的驱动程序。

三、支撑软件

支撑软件也称为"软件研制开发工具""系统辅助处理程序"或"软件工具"，它是协助用户开发软件的工具性软件，包括帮助程序人员开发软件产品的工具，以及帮助管理人员控制开发进程的工具，主要有编辑软件、编译和链接程序、调试程序、项目管理软件和服务器类软件。

1. 代码编辑软件

代码编辑软件(代码编辑器)是可根据程序开发人员需要对程序进行增加、复制、粘贴、删除、查找和替换等编辑操作的软件。虽然具有文本编辑功能的软件也能用于代码编辑(如记事本)，但专用的代码编辑软件往往能展示程序员正在使用的程序设计语言的特性，从而提高程序开发人员工作效率，如Notepad++提供语法高亮显示和代码折叠，能迅速减小或扩大代码段以便程序开发人员查阅程序。

常见的代码编辑软件有Notepad++、Vim、UltraEdit、GNU Emacs、Source Insight、Sublime Text 3、Light Table、Dreamweaver等。

现代的代码编辑器通常与编译程序、调试程序、链接程序集成到一起，并提供图形化界面，形成支撑软件套件，叫集成开发环境（Integrated Development Environment，IDE)，如微软的Visual Studio系列，Borland的C++ Builder、Delphi系列、开源的Eclipse等。

2. 编译和链接程序

计算机系统的中央处理器（Central Processing Unit，CPU）只能直接识别和执行机器语言。用机器语言编写软件是一件极其繁重而艰难的工作，通常使用高级程序设计语言编写程序，然后使用程序语言编译程序将代码转化为目标程序。

编译程序（Compiler或Compiling Program）也称为编译器，不同的程序设计语言都有相应的编译程序，如汇编语言编译器、C语言编译器、Pascal语言编译器等。

链接程序将分布在不同的目标文件中编译或汇编的代码收集到一个可直接执行的文件中，链接目标程序和标准库函数的代码，链接目标程序和操作系统提供的资源。

3. 调试程序

调试程序是保证所开发的软件能够正常运行的必备程序。调试程序保存着所有的或大多数源代码信息（诸如行数、变量名和过程），可判定执行情况，以及程序出错信息。通过在预先指定的位置设置断点可暂停执行，查看当前程序的运行情况，如函数调用、堆栈变化、变量值等信息。调试程序可单独存在，也可集成在开发工具包中。

常见的专用调试程序有Debug、Ollydbg和Windbg等，此外在Visual Studio等IDE环境中也集成了调试程序，各主流浏览器也配备了调试工具用于Web程序的开发。

4. 软件项目管理工具

软件项目管理是为了使软件项目能够按照预定的需求、成本、进度和质量顺利完成，而对人员、产品、过程和项目进行分析和管理的活动。软件项目管理的根本目的是让软件项目在整个软件生命周期（从分析、设计、编码到测试、维护全过程）都能在管理者的控制之下，以预定成本按期、按质地完成软件并交付给用户使用。针对软件项目管理开发的工具软件需要在人员的组织与管理、软件度量、软件项目计划、风险管理、软件质量保证、软件过程能力评估和软件配置管理等方面提供功能支持。

常用的软件项目管理工具有CA公司的项目管理套件、Primavera TeamPlay、IBM PMOffice和Microsoft Project等。

5. 服务器类软件

服务器类软件为面向网络的计算机系统的运行提供支撑环境，如部署Web应用时需要安装的Tomcat或IIS。常见的服务器类软件有IIS、Apache、Tomcat、Resin、WebLogic、Jboss等。

四、应用软件

应用软件是和系统软件相对应的,是用户为解决某类问题而用各种程序设计语言编制的程序的集合。应用软件是为满足用户不同领域、不同问题的应用需求而提供的软件,它可以拓宽计算机系统的应用领域,放大硬件的功能。应用软件可以划分为系统安全、系统工具、系统增强、系统数据管理、中文输入、编辑阅读、文件管理、娱乐游戏、浏览工具、文件共享、电子邮件、网络管理、网络通信、网络安全、图形图像处理、多媒体处理、动画制作、办公、财务、教育教学、学前教育、数理统计、文科工具、外语工具、工程、生物和化学、金融、信息管理等类别。

1. 系统安全类

系统安全类软件是指可以对病毒、木马等一切已知的对计算机有危害的程序代码进行清除的杀毒软件、防间谍软件等系统安全工具。

常见的系统安全软件有飞客病毒专杀工具、木马专家、电脑管家、卡巴斯基安全部队、小红伞、360杀毒、百度杀毒、360安全卫士、瑞星、江民杀毒等。其中，市场上比较常用的有电脑管家、小红伞、360杀毒、百度杀毒、360安全卫士。

2. 系统工具类

系统工具类软件是指操作系统自身不携带，但作用于操作系统，使操作系统高效运行的各类工具，如负责系统优化、系统管理等的软件。

系统工具的常见作用包括系统优化（磁盘的分区、磁盘的清理、磁盘碎片整理等）、系统管理（驱动等）以及系统还原等。常见的系统工具有Windows优化大师、鲁大师、Process Explorer、U盘启动盘制作工具、超级兔子、软媒魔方、Vista优化大师、3389远程桌面控制等。

3. 系统增强类

系统增强类软件是增强操作系统功能的辅助软件。在互联网时代，用户通常会从网上下载安装软件，其中可能会出现不能安装、安装后与本机有冲突、包含木马或病毒等异常情况。这些情况可能导致系统崩溃或性能下降，而使用还原类软件又会导致数据的丢失，需要系统增强类软件以方便用户管理安装软件，增强操作系统的可用性。

常见的系统增强工具有豌豆荚手机精灵、VMware Player、Oracle VM VirtualBox、Java Runtime Environment（JRE）、

Microsoft .NET Framework等。

4. 系统数据管理类

系统数据管理是利用计算机软件技术对系统数据进行有效收集、存储、处理和应用的过程。系统数据管理软件包括数据备份工具、恢复工具、系统克隆工具、虚拟盘制作和光盘刻录等。

常见的系统数据管理软件有雨林木风、BurnAware Free、一键Ghost、Windows一键还原、EasyRecovery Professional、Paragon Partition Manager、Acronis Disk Director等。

5. 中文输入类

中文输入法是指为了将汉字输入计算机或手机等电子设备而采用的编码方法，是中文信息处理的重要技术。汉字输入法编码可分为以下几类：音码、形码、音形码、形音码、无理码等。

常见的中文输入软件有搜狗拼音输入法、谷歌拼音输入法、百度输入法、QQ五笔输入法、万能五笔、紫光华宇拼音输入法、微软拼音输入法、极品五笔等。

6. 编辑阅读类

编辑阅读类软件是比较常用的应用软件。编辑阅读类软件分为编辑软件、电子阅读软件、文字识别软件等。编辑软件可以帮助用户编写、编译各种文本文档，并对文档进行美化、排版、预览和输出等处理，甚至可以帮助用户矫正文档中的语法错误。电子阅读软件可以帮助用户阅读各种格式的文档。针对各种格式的文档，需要使用不同类型的阅读软件才能正确识别并显示。文字识别软件是将图像上的文字或PDF文档上的文字转换为可编辑的文字的软件。

常见的编辑阅读软件有Adobe Reader、福昕阅读器（Foxit Reader）、超星阅读器、PDFCreator、Calibre、Free PDF Editor、PocoMaker等。

7. 文件管理类

文件管理类软件是对文件进行合理组织，使文件便于查询、管理和共享的一类软件，包括文件压缩工具和文件管理工具。

常见的文件管理软件有2345好压、WinRAR、Google Desktop、FreeCommander、超级文件粉碎机、HJSplit文件分割、大文件剪切器、百度硬盘搜索、Total Commander等。

8. 娱乐游戏类

游戏软件是目前软件市场非常重要的一类软件，可分为端游、页游和手游。端游是客户端游戏的简称，是传统依靠下载客户端，再在计算机上运行的游戏。页游是网页游戏的简称，又称Web游戏、无端网游，是基于Web浏览器的网络在线游戏，无需下载客户端。手游是指运行于移动终端的游戏软件。随着移动互联网的快速扩充，手游已成为游戏的主流。

9. 浏览工具类

浏览工具主要指网页浏览器,用来显示网页服务器或档案系统内的文件,并让用户参与交互的一种软件。网页一般是超文本标记语言(HTML)的格式,另外可能还包含JPEG、PNG、GIF等图像格式,并且能够扩展支持众多的插件(Plugins)。

常用的网页浏览器有Opera、Maxthon、Internet Explorer、360 Explorer、Firefox、Google Chrome、Safari、金山猎豹浏览器等。

10. 文件共享类

文件共享类软件是用在网络上主动跟其他用户分享文件或文件夹的软件。

文件共享软件包括FTP客户端、各类下载工具，常见的有Napster、迅雷、FileZilla、FTPRush、快车、脱兔、VeryCD电驴、Huntmine、Orbit Downloader等。

11. 电子邮件类

电子邮件是一种用网络交换以电子信息形式存在的邮件的通信方式，是互联网应用最广的服务之一，内容包括文字、图像、声音等多种形式。电子邮件客户端软件是一种协助用户快速收发和管理邮件的软件。

常见的电子邮件客户端软件有Outlook、Foxmail、Dream Mail、FlashMail、Koomail、QQ邮箱等。

12. 网络管理类

网络管理类软件是能够完成网络管理功能的一类软件，又称网管系统。借助网管系统，网络管理员不仅可以与被管理系统中代理交换网络信息，而且可以开发网络管理应用程序。通过部署网络管理软件，网管人员可以直观了解用户在工作中如何使用计算机、数据和互联网，防范敏感数据泄漏，引导员工合理使用计算机和互联网，提升IT应用效率。

常见的网络管理软件有远程登录、远程监控、网络分析软件等。如：TeamViewer、Wireshark（Ethereal）、OmniPeek Personal、Sniffer pro等。

13. 网络通信类

网络通信类软件是一种基于互联网的信息交流软件，支持即时发送和接收互联网数据，如文字消息、文件等。随着移动互联网的发展，网络通信软件不再是

一个单纯的聊天工具,它已经发展成集交流、资讯、娱乐、搜索、电子商务、办公协作和企业客户服务等于一体的综合化信息平台。

常见的网络通信软件有天翼校园客户端、腾讯QQ、飞信、微信、MSN等。

14. 网络安全类

网络安全类软件是指使网络系统中的数据受到保护,不因偶然的或者恶意的

原因而遭受到破坏、更改、泄露，系统连续可靠正常地运行，网络服务不中断的软件。网络安全的主要特性为保密性、完整性、可用性、可控性和可审查性。

常用的网络安全软件有网站安全狗、服务器安全狗、Comodo Firewall、傲盾软件防火墙、PC Tools Firewall Plus、ZoneAlarm Security Suite、System Safety Monitor（SSM）等。

15. 图形图像处理类

图形图像处理类软件是用于处理图像信息的各种应用软件的总称，广泛应用于广告制作、平面设计、影视后期制作等领域。

常见的图形图像处理软件有Photoshop、ACDSee、Picpick、Paint.NET、Autodesk Impression、Google Picasa、AutoCAD、3D Canvas、美图秀秀、光影魔术手、红蜻蜓抓图精灵、色彩风暴、iSee图片专家等。

16. 多媒体处理类

多媒体处理类软件主要是一些创作工具或多媒体编辑工具，包括文字处理软件、绘图软件、图像处理软件、动画制作软件、声音编辑软件以及视频软件。可分为多媒体播放软件和多媒体制作软件两类。

常用的多媒体播放软件有Windows Media Player、QuickTime Player、Real Player、RealONE Player、暴风影音、百度音乐、QQ影音、爱奇艺PPS视频等。常用的多媒体制作软件有格式转换器、暴风转码、格式工厂、完美者转码、爱剪辑、艾奇视频电子相册制作软件、AVS Video Editor等。

17．动画制作类

动画是集合了绘画、漫画、电影、数字媒体、摄影、音乐、文学等众多艺术门类于一身的艺术表现形式。动画制作是一项非常烦琐的工作，分工极为细致。通常分为前期制作、中期制作、后期制作。动画制作软件是一种提供动画制作环境的软件。

常见的动画制作软件有GIF快手、Screen to Gif（GIF动画录制软件）、Macromedia Flash等。

有了动画制作软件，一部动画影片的摄制基本上可以在电脑上完成，而且在很短的周期内就能完成，可以大大减轻人们的劳动强度和大大提高工作效率。但是作品的创意、艺术构思和人物造型等属于创造性的工作还得由人来完成，不能完全依赖软件。

18．办公类

办公软件指可以进行文字处理、表格制作、幻灯片制作、图形图像处理、简单数据库处理等方面工作的软件。目前办公软件的应用范围很广，大到社会统

办公室的日常工作,包括起草文件、制作表格、整理资料、处理数据等,非常烦琐,让人头疼。现在用上了办公软件,就像配备了一名得力的助手,很多事情都可交给它处理,既省力,又省心!

计,小到会议记录、数字化办公,都离不开办公软件的鼎力协助。目前办公软件朝着操作简化、功能细化等方向发展。

常见办公软件有微软Office系列、金山WPS系列、永中Office系列、红旗2000RedOffice等。

19. 财务类

财务类软件是指专门用于完成会计工作的计算机应用软件。财务软件的目的是促进会计核算的规范化,带动财务管理乃至企业管理的规范化,从而提升企业的管理水平,提高企业的效益;提高会计核算的工作效率,降低会计人员在账务处理方面的工作强度,改变"重核算轻管理"的局面等。

常见的国产财务软件有金蝶K3/EAS、用友软件、速达财务、管家婆财贸双全、金算盘、博科B8、辛巴财贸通、神舟财务软件、嘉德标准等。

20. 教育教学类

教育教学类软件分为教育软件和多媒体教学软件。教育软件,顾名思义,就是为教育服务的软件系统;多媒体教学软件是一种根据教学目标设计,表现特定的教学内容，反映一定教学策略的计算机教学程序，它可以用来存储、传递和处理教学信息，让学生进行交互操作，并对学生的学习做出评价。

常用的教育教学软件有金山打字通、几何画板、成语大王、ScienceWord、动感化学元素周期表、立几画板等。

21. 学前教育类

学前教育类软件是一类适用于幼儿学前教育的应用程序，主要用于帮助幼儿学习各种日常事物、数字、拼音以及动物等知识。

常见的学前教育软件有Tux Paint、乐乐儿童播放器、贝瓦儿歌、熊猫乐园早教、巧兔儿童识字软件、学前拼音等。

学前教育是指对学龄前儿童进行的认知、识字、绘画、音乐、舞蹈、语言、品德等各方面的教育。我国规定儿童入学的年龄是六至七岁，未到达这一年龄的儿童，称为学龄前儿童。

22. 数理统计类

数理统计类软件是有效地运用数据收集与数据处理、多种模型建模与技术分析、统计分析等完成复杂的数学、统计类相关工具。对数据进行推理，以便对问题进行推断或预测，从而对决策和行动提供依据与建议的应用程序。

常用的数理统计类软件有R统计软件、Stata、SAS JMP、Matlab、EViews、MathType、Statistica Enterprise、SPSS、SPSS Clementine、S-plus、Mathcad等。

23. 文科工具类

文科工具类软件是指中文电子字词典、写作软件等文科常用工具。

常用的文科工具有中国五千年诗词文库、中华诗词2007、现代汉语词典、壹写作、实用汉字转拼音、文状元宝典等。

24. 外语工具类

外语工具是一系列帮助学习、查阅、翻译外语的应用程序，如外语词典、翻译软件、外语学习软件等。

常用的外语工具有蚂蚁英语、有道词典、Lingoes（灵格斯）词霸、金山词霸、The Rosetta Stone、韦氏字典电子版、扇贝、译典通、新东方背单词、EuroPlus商务英语、全医药学大词典、星际译王等。

25. 工程类

工程类软件是各类工程人员用于工程计算的软件，其工作原理与工程领域相关，其功能设计中心思想是自动替代工程师的手工劳作，大幅度提高工程师的工作效率，降低设计成本，缩短设计周期。

工程软件将工程师从繁重的手工劳作中解放出来，不但能大幅度提高工程师的工作效率，降低设计成本，缩短设计周期，更重要的意义还在于得到解放的工程师可以把节省下来的时间和精力用于发挥其聪明才智，去获取创新成果，这才是工程软件最大的贡献！

常见的工程软件有NX Imageware、SolidWorks、中望CAD、Protel 2006、CST Studio Suite、CATIA、Protel DXP 2004、Witness、MSC ADAMS、ANSYS、安捷伦电子设计自动化软件平台、ABB RobotStudio（模拟与离线编程）、OrCAD PCB设计等。

26. 生物和化学类

生物和化学类软件是用于生物和化学研究及应用中的软件，由于生物和化学数据处理多种多样，对不同的数据处理要求需开发不同的软件。

常见的生物或化学计算软件有ChemDraw、ChemWindow、ISIS Draw、ChemSketch、Chem3D、WebLab Viewer Pro、RasWin、ChemBuilder 3D、ChemSite、Premier、mapmaker、Windows QTL Cartographer、虚拟化学实验室等。

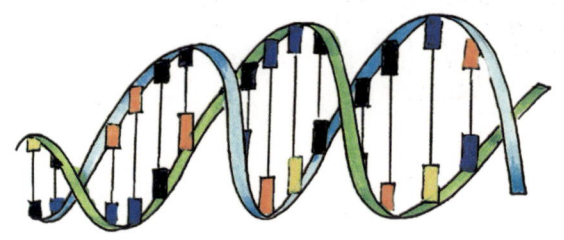

双螺旋结构形态的发现和论证是生命科学最重要的成果之一。这一成果的获得，生物和化学应用软件功不可没。

生物是指自然界中所有能生长、发育、繁殖的物体，如动物、植物、真菌、微生物等。化学是专门研究物质的组成、结构、性质和变化规律的科学。

生物和化学都是重要的自然科学门类，与国民经济和人民生活有着密切的联系。由于涉及广泛的研究领域和复杂的数据，必须依靠各种各样专门的应用软件来对其研究和开发提供帮助。

27. 金融类

金融类软件包括股票、外汇、期货等相关的分析决策系统、交易系统，也包括涵盖银行网点、离行渠道、银企服务三个方面的智慧渠道服务系统。

常见的金融软件有钱龙旗舰、同花顺2010、Financial Calculator、优品股票通、聚财猫理财、平安金管家等。

28. 信息管理类

信息管理学是一门建立在数学、管理科学、信息科学与技术的基础上,涉及多个学科和多领域的综合性学科。信息管理通常包括信息的收集、加工、传播、储存和应用技术。信息管理类软件的主要功能则是进行信息管理具体的、烦琐的、复杂的计算、统计、分析、辅助决策等工作。

各行业、企业或部门通常根据其管理要求开发管理信息系统,信息管理类软件数量庞大,在此不予枚举。

第三章　软件资产管理

为了做好软件正版化工作，自"十二五"初期开始，在使用正版软件工作已初见成效、各单位使用正版软件意识大为增强、民族软件产业呈现蓬勃生机的大背景下，我国政府适时决定引入"软件资产管理"这一国际化概念。从企业入手，将工作重心从鼓励、推动购买正版软件向科学、有效管理正版软件资产转移，引导、帮扶企业逐步成为善用版权的表率，摸索和建立抵制盗版软件、使用正版软件的长效机制。

软件资产管理在国际社会，特别是欧美发达国家通行多年，现已进入成熟规范的发展阶段，国际标准化组织（ISO）与国际电工委员会（IEC）自2006年起，专门发布了有关软件资产管理的系列标准ISO／IEC 19770。但是在我国，软件资产管理在相当长的一段时期内尚属新生事物，在社会认知层面还存在一定的盲区。

从分类角度来看，我们通常根据管理类别本身的属性，把软件资产管理分为"IT管理"和"风险防控"两大板块，分别对应国际上的信息技术标准体系和审计需求；另一种分类方法，则是分为"实务管理"与"价值管理"——其中后者

需要匹配很强的无形资产属性，但由于我国现行财税制度在软件的资产界定方面尚有待进一步配套完善，所以大多数情况下强调前者。因此，在国家各级部门发布的文件中，我们常看到的词汇为"使用正版软件管理"，又称"软件正版化管理"。

一、软件资产管理概述

1. 什么是软件资产管理？

所谓软件资产管理，是一套科学的管理流程，旨在为购买和使用正版软件的相关机构建立起关于软件的编目台账和制度体系，保证已采购的正版软件资源有效流转而不流失，具体涉及软件采购、分发、使用、维护乃至报废的整个生命周期。

软件资产管理是一种倡导以完善的管理模式和适当的技术支持体系，将软件作为单位的资产加以统筹管理的制度和方法，对企业（尤其是管理规范的大中型企业）IT系统的正常运营具有重要意义，并可在一定程度上有效降低软件采购成本，提高已采购软件的成本收益率，在国际社会被普遍接受和推崇。

2. 软件资产管理的重要意义是什么？

软件资产管理倡导在合法、合理的前提下，有效使用软件，最大限度地发挥软件效益，使软件用户获得长远、规范的发展。同时，软件资产管理对于软件产业的发展壮大，以及促进软件行业的创新具有重要意义。

开展软件资产管理工作，不仅仅能为单位建立起一套符合自身运营、管理特点的制度体系，还能够全面规范员工使用正版软件的行为习惯，有效提升单位自身的软件标准化和信息安全性，大大降低因侵权盗版而带来的法律风险，提高单位的信誉度和公信力，并科学削减用于软件采购方面的投入和支出。对于已大量采购正版软件的企业而言，具有切实的积极意义。

3. 为什么要将软件视为资产？

软件是一种重要的生产工具，它需要像其他IT硬件设备一样作为软件用户的资产来加以综合地管理。但软件不同于其他固定资产，它是一种无形资产，因此比较难管理。软件与软件用户的其他资产一样，都具有成本价值、使用价值和创造利益的作用，因此软件与软件用户的其他办公用品、办公设备等资产一样，满

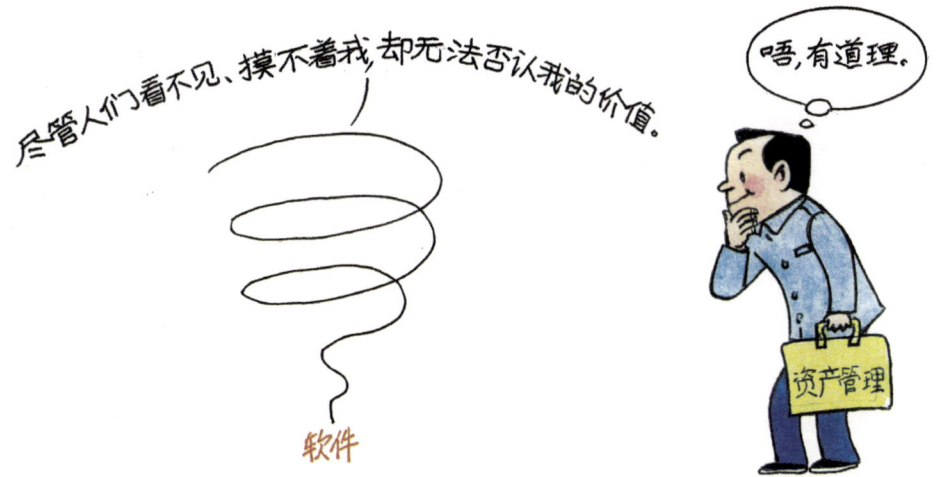

足资产的基本属性，是软件用户资产的组成部分，因而也是软件用户资产管理的对象，属于资产管理的范畴。

4. 软件资产管理的国际标准是什么？

ISO／IEC 19770-1标准规范是软件资产管理国际相关标准中最重要的一部分，由国际标准化组织和国际电工委员会于2006年3月首次联合对外发布。该标准共分为6个主要部分：

（1）环境控制：软件用户为顺利开展软件资产管理应如何建立相应的环境；

（2）计划和执行：软件用户该如何做好实施软件资产管理的计划和执行工作；

（3）软件资产清单：在正式实施软件资产管理之前，软件用户应识别和管理已有的软件资产，建立软件资产清单；

（4）确认和遵从：对软件资产记录进行确认，软件用户的软件许可和软件安全符合要求，并确保确认内容和遵从标准一致；

（5）运营管理：对软件资产管理从合同、财务、服务层级及安全等方面进行管理；

（6）软件使用生命周期：确保软件资产管理按照该单位的软件使用生命周期进行展开。

软件资产管理之所以能够被ISO选中，并制成一套国际通行的标准，是因为软件资产管理当前在国际上已形成一定的应用规模，并且已经到了需要进行统一和规范化发展的阶段。有了这个国际标准，不同的软件用户就有了可参照的规范，按照这个国际规范软件资产可以得到有效的管理。

5. 软件资产管理对企业的主要作用是什么？

首先，软件资产管理可以帮助企业防范风险。即能减少随意使用违规软件的情况，及时对软件升级、打补丁，可提高信息系统的安全性，大大降低运营风险；能避免企业规模调整（兼并、购买）时带来的资产不清、账目混乱等问题；通过清查、盘存软件使用情况，还能最大程度避免因非授权使用而带来的法律风险。

其次，软件资产管理可以帮助企业控制成本。软件资产管理可有效防止超量采购软件，降低软件系统的采购成本，并且节约信息系统的管理和支持服务的成本，从而降低软件的整体拥有成本（Total Cost of Ownership，TCO）。

最后，软件资产管理可以帮助企业提高竞争力。对于企业来说，软件资产运营效率提高，员工生产力更加得以巩固，同时在行业内也增加了信誉度，企业最终获得的利益就是综合竞争力的提高。

6. 如何进行软件资产管理？

实施软件资产管理可分为以下几步：第一，认识软件资产管理并组建管理团队；第二，进行全面的软件资产清查盘存；第三，建立软件资产管理制度，规定

实施软件资产管理的四个台阶

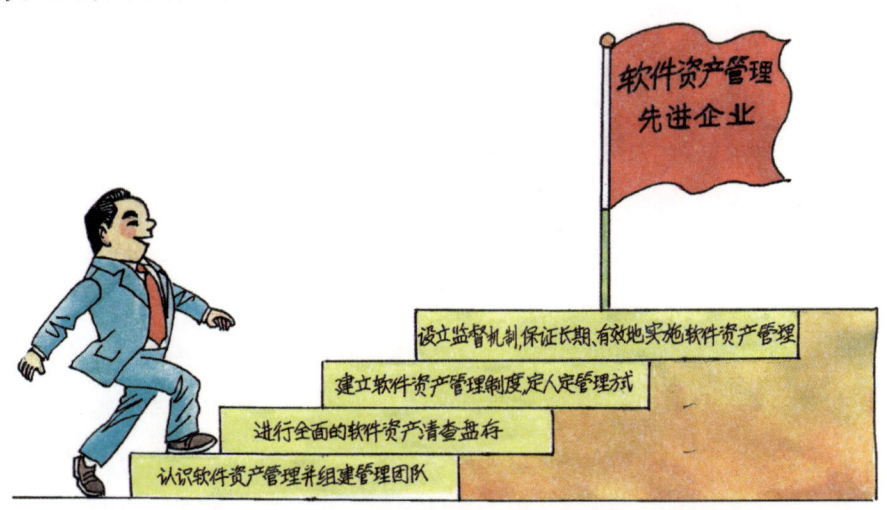

软件资产负责人和管理方式,对软件资产生命周期按照软件资产管理制度予以执行;第四,设立监督机制,保证长期、有效地实施软件资产管理。

作为管理对象,软件既包括购买后存储于某种载体中的安装程序,又包括已安装到计算机系统中的程序。软件资产存在方式的多样性及其易复制性,使其管理相应复杂,不能简单套用"一物一卡"式的传统资产管理模式。

7. 软件资产管理现存哪些问题?

首先,大众对软件资产及其管理的观念和认识有待转变。在普通人的印象中,软件很难被归为一种"资产",这主要是因为软件载体的有形与软件自身的无形很容易造成人们的误解。试想员工的工资,单位付出去了就没了,这个是成本,很容易理解。但买一套软件呢?即便暂时不用,它还存在,跟桌椅没有本质区别,再用的时候其价值还能继续得以体现。这说明软件同硬件一样,具有资产的基本特征。

很多人对软件资产管理的认识片面地集中在软件载体上,以为软件资产管理就是像图书管理员那样去管理光盘和序列号。这种错误观念忽视了软件作为"资产"而系统化管理的重要性。同时,由于部分企业不了解情况,认为软件资产管理需要更多人力、物力投入,从而产生抵触情绪。所以,推广软件资产管理制度,需要让领导者知道,这是单位的"省钱之举"。如此一来,软件资产管理的开展才会更有生命力。

其次，软件资产管理的整体制度尚未建立。近年来，我国的软件版权保护工作取得了长足进步，相关的配套法律也日益健全。然而，软件资产管理在国内几乎是空白状态，尚未形成成熟的软件资产管理制度和办法。另外，与软件资产相匹配的财会制度也有待进一步完善。

此外，从事软件资产管理的专业人才匮乏。在相关人力资源的配备方面，目前很少有直接对口单位、专业人士在推广、实施。在摸索中，我们应该面向社会坚持大力推广软件资产管理这一概念，并在此过程中培养大批专业人才。

二、软件资产管理流程（以企业为例）

企业实施软件资产管理，目的在于科学、有效地管理软件资源，优化软件资产投资，降低软件带来的法律、财务、IT风险，提升企业整体竞争力。目前，国际常见的软件资产管理制度建立在ISO/IEC 19770体系之上，该体系作为一项通行指导性标准，在操作中可根据企业自身状况进行调整。结合我国企业的实际，实施软件资产管理应包括软件资产管理理念植入与团队组建、清查盘存现有软件资产、建立软件资产管理制度、巩固与监督制度运行四个主要阶段。根据四个主要阶段的不同工作内容，可制定推进流程，如图3-1所示。

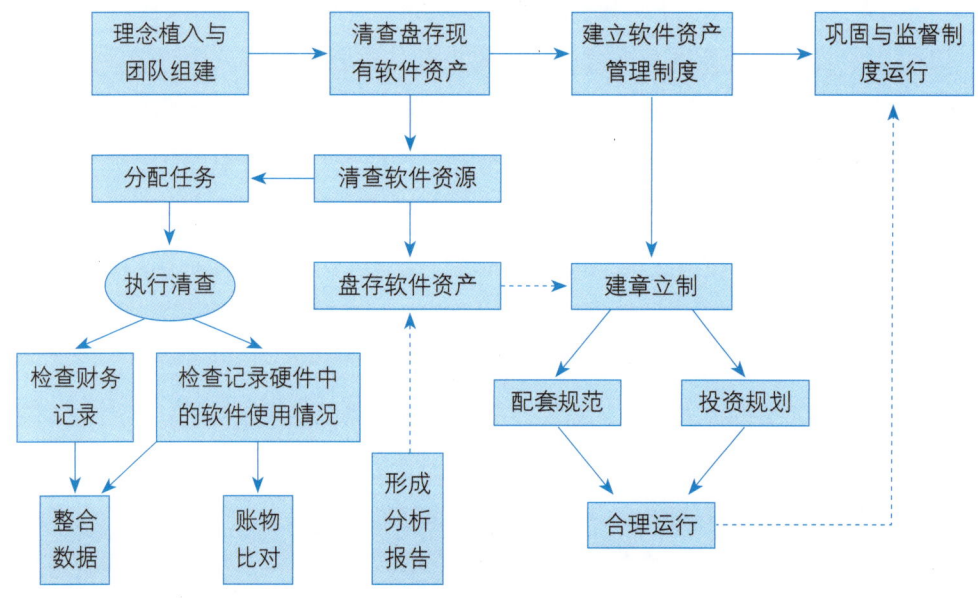

图3-1　软件资产管理推进流程

1. 软件资产管理理念植入与团队组建

一个企业要实行软件资产管理，必须先充分理解软件资产管理的优势以及其为企业带来的益处。企业领导层应当理解，作为一项管理制度，它不仅能科学地控制企业的软件采购预算，还是一种类似于固定资产管理的有效制度，能够保障已采购的软件资产流转而不流失，有效降低因软件管理不当给企业运营造成的各类风险和隐患。同样，对于员工来说，规范自身使用软件行为，合理使用企业已采购的软件，杜绝企业资产流失是其应尽的义务。因此，建立软件资产管理制度是现代企业管理的重要内容，也唯有通过行之有效的软件资产管理制度，企业在软件的采购、分发、维护、使用及报废等方面才能做到有法可依、有规可循。

企业在深入理解了软件资产管理的必要性之后，就需要根据自身规模和实际需求来组建配套管理团队。通常情况下，一个成熟、完整的软件资产管理团队应包括：IT人员、财务人员和行政协调人员，三个工种各司其职，共同维护软件资产管理的日常运行。同时在团队中，必须指派一名或多名员工担任管理专员，负责统筹团队工作，上呈下达指令，协调IT人员及财务人员的工作。在不同类型企业中，软件资产经理岗位可由企业技术部、IT部等信息化部门的负责人担任，也可由大型企业的首席信息官（Chief Information Officer, CIO）兼任。

在团队人员到位后，应对其进行专业知识培训，帮助其初步掌握软件资产管理工作流程、软件清查盘存流程和方法、软件授权许可种类、软件资产管理制度体系等内容，并在此基础上确定职责分工。例如：IT人员构成操作组，负责执行软件清查、核对授权许可情况，得出数据统计并定期上报；财务人员构成财务组，主要参与软件采购的预算、汇总、对账工作；行政协调人员划归管理组，由软件资产经理领衔，协调各部门的工作，撰写统计分析报告，对企业软件资产进行全面、有效管理。

我国的软件资产管理仍处于起步阶段。对于信息化程度较高，且已设立IT或信息化部门的企业，可赋予相关岗位新的职责；对于信息化程度不高的企业，可在行政协调部门内设专人专岗执行管理任务。

2. 清查盘存现有软件资产

1）检查记录

明确了团队人员的职责分工后，即可进行清查现有软件资产阶段的工作。清查现有软件资产（流程如图3-2所示）是全流程最重要的一环，它不仅能够帮助

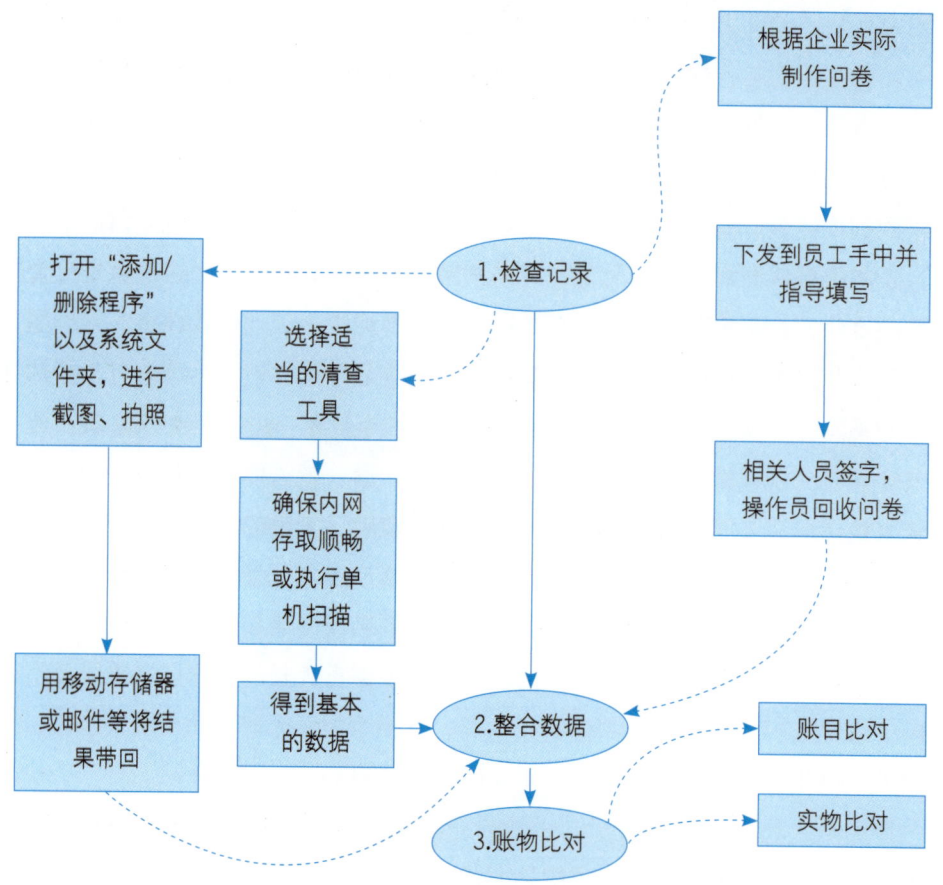

图3-2 清查现有软件资产流程示意图

企业管理层和软件资产管理团队清晰地掌握软件资产的管理使用情况，也是未来建章立制的重要基础。这项工作不仅需要在建立软件资产管理制度之前进行，而且要在制度全面运转、实施后，有周期地执行，不断监督企业软件资产管理工作的正常推进。清查现有软件资产可使用以下方法。

方法一：使用清查工具

最为理想的清查工具是只需在主控端运行一次，即可查出网内所有计算机的软件使用情况，并能自动生成报告，记录完整的清查信息。这种手段的优点是快捷、精炼、真实性强、抗干扰性强；缺点是不全面、安全性低、工具种类少且功能尚不理想。

以只能扫微软自身软件的MSIA（Microsoft Software Inventory Analyzer）为例：首先，操作员应确保待查计算机处于暂时脱产状态，并保证清查工作不涉及信息安全问题。其次，优先选择进行局域网清查，并尽可能使网内各终端的相互访问处于畅通状态，操作员在主控端以管理员身份执行清查。再次，无法进行局域网清查的，应责令计算机使用者自行运行MSIA工具，将生成的报告文件提交操作员。

方法二：手工统计

在清查工具不到位的情况下，可采用纯手工统计。手工统计的特点是可查软件的种类最全、安全性高，但过于费时费力、精确度一般。在实践中，中小型企业较常采用该法。对大中型企业的软件资产清查工作而言，手工统计可采用抽样调查的方式进行。操作员可根据企业部门、项目、职能、应用的不同，划分适当的抽样单位，集中展开详尽的手工统计。

清查时，操作员应先确保待查计算机暂时处于非工作状态。打开程序，逐一记录每个软件的信息（软件名称、版本、发行商、占用硬盘空间等），并对一切涉及当前软件列表的内容进行分页截图。所得数据记录与图像文件通过内网传输或外接移动存储器的方式采集；上述条件无法满足的涉密机，应采用数码设备正对显示器拍摄的方式获取截屏。

方法三：发放问卷

实际的清查工作中，有相当一部分企业的计算机是不可操作的——这既有可能是出于安全性的考虑，也有可能是因为会干扰其正常运转。在清查工具无法使用、手工统计又无法实现的前提下，常常通过发放问卷的方式，让员工填写并如实上报软件资产的情况。这种方法的优点是简单直接、可操作性强、安全性强；缺点是真实性差、准确性差，可能存在虚报、漏报、错报的情况。

若采用发放问卷的方式，首先要保证问卷内容详尽充实，尽可能简化提问，多出选择或者判断题，以求信息采集的通畅；其次，每机一份独立问卷，相应的填写人应签名保证所填内容的真实性，因故无法为所用计算机填写问卷的，应由部门负责人指定人选填写；此外，以部门为单位，部门负责人应核对问卷的可靠性之后，签字确认，再提交给操作人员进行下一阶段工作。

2）整合数据

采集工作完成之后，操作员将获得的全部数据进行整合处理，例如用统一的Excel模板整理出清查统计表，涵盖计算机编号、各软件名称、版本号、序列号、发行商、占硬盘空间大小等信息。如部分采用问卷调查，则单独提交问卷调查分析报告，汇总统计各项数据。对重要数据缺失、不详或存疑的，可复查该设备。

3）账物比对

账物比对，即账目和实物核对。该项工作由财务组和管理组完成，旨在核对软件采购财务记录和软件实物管理情况，确定企业软件资产是否存在流失或冗余等情况。账物比对虽无法列举企业使用软件的具体情况，但能反映出企业使用软件的全貌，是验证硬件设备清查结果的必要步骤。

在完成清查记录和整合数据流程后进行账物比对。财务组应从财务部门以及IT部门查验原始发票、原始订单、购买合同、收据、装箱单、授权许可等信息，确定统计周期内企业已采购软件资产的全部财务数据；同时，管理组从企业行政管理部门以及IT部门查验软件载体、许可证保存情况，并将财务数据和实物数据以及前期工作中完成统计的计算机使用软件情况，与先前获得的硬件设备清查结果进行一一核实，记录不匹配之处。实物比对时，要把软件实际使用与实物管理情况（包括入库、保管、借出、归还等信息）进行一一核实，也记录下不匹配之处。

4）撰写报告

软件资产经理和管理组负责起草清查统计报告，在报告中主要以数据分析的形式向领导层汇报本公司软件资产的整体情况，具体包括使用的清查手段、清查时间、清查覆盖度、现有终端使用各类软件基本数据、统计周期内新增软件资产财务数据、现有软件载体和授权许可等留存情况，以及现有的软件资产管理现状分析。最后，将账物比对结果进行量化统计，提出企业现有各类软件是否存在冗余、流失情况，涉及的具体数量和金额；并对员工使用软件行为、企业未来软件资产管理制度体系建设、企业采购软件规划给出科学合理的意见和建议；同时，可通过数据比对，进一步强调软件资产管理的重要意义。

5）建立软件资产记录表

清查工作完成后，企业对现阶段自身已有软件和管理水平有了较为全面的了解，接下来应由操作组和管理组做好软件资产的盘存工作。从根本上讲，清查和盘存是相辅相成的，清查完毕本来就会生成统计结果，而盘存工作也离不开随时更新的数据。

为企业的软件资产建立专门数据库，储存企业所有软件的全部相关信息，是科学的管理手段，对于软件资产管理策略的成功推行非常关键。如果没有成功地设计、开发、实施以及维护一个精确的软件资产管理数据库并使其从实时基础架构中自动升级，就很难进行有效的软件资产管理。在尚未采购或独立开发出适当数据库的情况下，可以由操作组和管理组先建立"软件资产管理记录表"。

"软件资产管理记录表"至少应包含以下部分：

①软件载体留存：标明软件载体流转与库存信息。

②软件授权留存：标明企业所有的软件资产授权留存信息，以及分别的授权许可方式。

③软件流转情况：标明使用者从软件资产的转出、安装、转入、处置、盘盈、盘亏等环节中，涉及企业正在使用的软件相关信息。

④硬件设备关联情况：把软件资产和所装入硬件设备进行关联。

6) "软件资产管理记录表"的维护与日常管理

"软件资产管理记录表"内的数据更新一定要及时、准确，以便于软件资产经理及时获知并采取适当的措施，执行审查控制职能。管理团队根据"软件资产管理记录表"可进行以下操作：

①发现有不合规流转记录的，追责相关员工或部门。

②发现软件授权到期的，提醒暂停使用；综合各方意见进行软件评估，如果需继续使用，使用者应申请软件许可延期或重新采购。

③定期依据记录表情况，制作分发更新软件与授权目录。

④定期备份重要的数据信息。

软件具有容易被复制的特点，因此在进行账目登记的同时，对软件存储介质的实体管理就显得比其他资产更重要也更有特点。可供选择的做法是：

①将企业所有获得授权并支持使用的软件，包括正版原始磁盘或光盘、许可证以及相关文档材料等，集中收集并统一存放在一个可靠的场所。

②软件资产采购完成后，原始产品应立即交软件资产经理验收，并对每一个软件编码、入库，实施"一码一袋"的档案袋管理，进行加密专柜存放。

③档案袋内信息应具备唯一的企业软件资产代码、软件载体、许可证、安装说明、使用说明、流转记录等内容。

④在对档案袋手写操作的同时，以数字化形式对相关变动在"软件资产管理记录表"中录入、更新。

⑤软件资产经理亲自或指派其他专员负责管理。

"软件资产管理记录表"既包含软件安装情况，又涵盖授权许可情况，也记录着每个软件产品的载体所在，整个记录表涉及企业的机密与信息安全。在更新、维护"软件资产管理记录表"的实际操作中，软件资产经理或负责保管的专员应注意下列问题：

①"软件资产管理记录表"所在计算机应断开与外网的连接，建议不安装任何无关软件。

②登录操作系统时必须设置口令，并且定期更改密码。

③企业软件资产发生变动，可不必进行实时更新，但必须保证每月检查、汇总一次。

④"软件资产管理记录表"应在每季度固定时间进行一次备份，在保障数据安全的同时，也应留存企业每季度的管理情况统计明细。

⑤"软件资产管理记录表"的备份应加密处理，同时存放于主机其他硬盘分区、软件资产经理专用移动存储器以及刻录光盘中，并保管在锁闭空间内。

⑥软件资产经理或负责保管的专员是维护"软件资产管理记录表"的负责人。但在特殊情况下，可以指定委托人进行有关操作，委托人应严格遵守保密原则。

3. 建立软件资产管理制度

软件资产经过清查盘存，可以初步构成一套较为完备的数据管理体系。为保障企业对软件采购、使用、管理的科学性、合理性，必须建立一套软件资产管理制度，来约束员工的行为、控制资源的流转、最大限度地降低各种风险和成本并提升企业的整体竞争力。

根据企业的实际情况，软件资产经理协调管理组织部门配合制定相关的章程和规范。在制度建立初期可仿效固定资产的管理模式，从确定需求、审批预算、采购分配，到领用使用、退还报废等环节，把软件资产整个生命周期科学地、透明地管理起来。无论是内部自查，还是外部监督，软件资产管理制度的建立都有利于企业的良性发展，同时对版权保护大环境下的相关工作也是一种积极配合。

所有配套的规章制度可先试行一段时间，随后根据实际情况进行调整。企业可根据自身实际建立软件资产管理制度体系，并应涉及软件采购、分发、维护、使用及报废等各环节和方面。建议制定《企业软件资产管理规范》，该规范包括企业界定软件资产的种类、门槛、管理部门、采购配置、领用归还、统计评估、清查盘存、监督责任等一般性规范。此外，可根据实际起草系列配套文件，包括《企业软件资产维护与保管细则》《企业软件资产采购和资金审批管理细则》《企业员工使用软件产品管理办法》《企业软件资产经理职责》《企业软件资产管理运行监督规范》等，进一步明确各环节和流程中的工作细节和职责，并严格按照制度的要求执行软件资产管理。

4. 巩固与监督制度运行

建章立制之后，企业可将已建立的软件资产管理制度和监督制度纳入企业管理层的日常考核内容和预算管理规划中，保障制度在企业运营中良性循环。企业还可设置长期性的岗位，负责协助软件资产经理进行软件载体和授权许可的保管、"软件资产管理记录表"或数据库的更新维护等日常工作，对软件的使用状况进行跟踪，定期统一执行软件资产清查工作、定期公布经确认许可使用的软件资产清单，并按制度要求规定提交单位软件资产的最新数据分析报告。企业软件资产管理团队根据此报告督促员工执行软件资产管理政策，妥善保管软件载体与授权许可，评估软件使用效果，协调各部门的工作。

在此基础上，为提升员工对软件资产管理制度的认知水平，企业还应定期开展教育培训，让员工自觉维护规范有序的软件使用环境。新员工到岗时，软件资产管理应该作为入职培训内容；员工离职时，及时与其沟通，检查其计算机中所装的软件，并提醒他们有责任清除未经许可而复制安装到个人计算机上的软件。对离职员工所使用的计算机，在根据需要进行软件重新配置后分给接任员工使用。软件资产管理制度和相关政策的专项培训应包括软件授权许可类型、软件使用规范、版权法律法规、企业内部的软件使用政策等。

与此同时，软件资产经理会同企业IT部门、财务部门依据企业财务规划（一般以预算年度为周期），按照确定的当前及未来软件需求，编制采购清单，编制预算，实施集中采购或零散采购。在具体的采购活动中，应严格遵循已颁布的各类关于软件资产采购资金审批的规章制度，由IT部门或使用部门向软件资产经理提出软件采购的正式申请，再由软件资产经理选择合适的拟采购软件授权许可类型，并以书面形式递交有预算审批权的负责人评审和签字批准。此外，应选择有信誉的授权经销商，并按规定履行财务报销和产品验收程序，由专人进行合同管理。

三、企业软件资产管理案例

在软件资产管理的实际操作中，企业根据其所在行业、生产经营规模的不同，各自拥有鲜明的管理特点。下面我们用三个具有代表性的案例，加深对软件资产管理实务操作的理解。

案例一

1. 基本情况

我国南部地区某省N金属加工有限公司,以设计、生产铁艺铸件为主。鉴于近年来国际市场对我国铁艺工艺品的旺盛需求,其产品行销海外,成为当地的利税大户。随着企业员工和产值的不断增加,公司管理层开始将工作重心转向新产品的设计、研发,除了组建专门的研发团队外,还注重采购专业设计工具等商业软件产品。

研发力量的增强,也为企业发展带来了回报。在尝到创新收益的甜头后,公司准备扩大研发规模、提升管理水平,其中不仅包括增加正版软件的采购投入,还加强了对软件资产的管理。于是,一项在全公司上下的软件管理和使用需求普查工作开展起来。普查结果表明,公司虽在采购、领用等环节有初级的审批制度和流程,但由于缺乏全面的管理制度,已出现部分软件许可证的流失和过量使用情况,且涉及价值不菲。因此,公司领导下定决心,决定聘请专家,开展软件资产管理工作,希望通过建立软件资产管理制度,保障公司研发和管理水平的整体提升,并合理控制用于研发和管理的软件经费投入。

2. 软件资产管理工作流程

N金属加工有限公司虽拥有员工近3000人,但绝大多数都是手艺熟练的技术工人,长年运用手工技法从事铁艺的掐丝、锻造、打磨、烤漆等工作,在工作流程中使用计算机的情况不多。经过初步统计,使用计算机的部门仅限于公司行政部门、市场部门和研发部门等,终端机器71台,暂无服务器。此外,已采购的操作系统、安全软件、设计软件等共252套。鉴于该公司计算机数量较少、软件不多,外聘专家设计了符合生产加工型企业特点的软件资产管理工作流程,并按步骤推进相关工作开展。

1)前期准备

①公司召开软件清查工作筹备会议,会上任命公司技术部总监王某担任临时软件资产经理,负责此次全公司软件资产的清查工作,清查任务的目的是掌握当前每台计算机所安装软件的实际情况。

②公司待查计算机的数量为71台(全部为终端机),计算机的硬件明细基本已由技术部登记备案。鉴于公司计算机数量不多,且涉密机器较少,王某建议采用手工统计结合财务对账的方式执行清查。

③经王某分工，由负责IT事务的技术部派3名职工执行清查。每名操作员负责清查20余台计算机，手工统计后逐一签字，保证清查结果的真实性。最终结果呈技术部主管签字确认。

④在实际工作中，由于公司属于生产加工型企业，车间24小时不间断运行，出于不耽误生产的原则，将待查对象分组交替进行清查，保证对所有计算机都覆盖手工统计。此外，对其他部门的软件清查，也由王某尽可能地安排在休息日进行。

2）分配任务

在王某带领下，操作员a、b、c进行分头清查。其中操作员a负责该公司领导层、办公室、财务部；操作员b负责销售部、公关部、技术部；操作员c负责生产车间及其他部门。清查过程中，对未编号的计算机进行了统一的软件资产管理序号编排，并与固定资产管理衔接，便于日后管理。

3）检查记录

①由于公司使用的操作系统均为Windows XP，操作员a、b、c分别打开Windows控制面板的添加/删除程序，使用键盘自带的截屏按键（Print Screen），将图片复制到"画笔"中保存，逐一记录每个软件的信息（软件名称、版本、发行商、占用硬盘空间、最近使用日期等）。

②对所有涉及当前软件列表的内容进行分页截图，比如Windows的"Program Files"系统文件夹：将其显示设为"列表"状态，并最大化当前窗口，截图保存。

由于该公司计算机数据密级不高，所得数据记录与图像文件由操作员分别通过U盘存储采集。

4）整合数据

采集工作完成之后，操作员a、b、c将数据进行整合处理，并用统一的Excel模板整理出清查统计表，涵盖硬件设备编号、软件名称、版本号、发行商、占硬盘空间大小、最近使用日期等信息。

5）账物比对

软件资产经理王某在财务部、办公室的配合下进行账目比对，查验了公司近年来购买正版软件的原始订单、发票、购买合同、装箱单、许可证等信息，与先前获得的硬件设备清查结果进行一一核实，发现并记录下不匹配之处。王某作为技术部总监，还主持了本部门的实物比对，把软件实际使用与库存情况进行一一核实，记录了包括入库、保管、借出、归还等信息的差异。

经核实，该公司某安全套装的登记采购量为80套。清查硬件设备时发现全部71台计算机均安装有该软件，但库存清查后发现，经过部署登记的只有47套，也就是说，有33套尚处于闲置的未启封状态，说明可能存在违规安装或漏登记等情况。某制图软件的登记采购量为5套，采用零售彩包的方式先后购买。清查发现71台计算机只有2台装有该软件，同时没发现库存载体，说明有可能存在软件资产流失问题。某办公软件的登记采购量为80套，清查发现在71台计算机全部有安装记录，且载体全部在库中，有9套未部署，说明该软件使用、保管状态良好。其软件资产账物比对具体情况如下表所示。

N金属加工有限公司软件资产账物比对分析

	登记采购数	清查所得数	库存数	
			已部署启用在案	闲置
某安全套装	80	71	47	33
某制图软件	5	2	2	0
某办公软件	80	71	71	9
				计算机数量：71

6）制度化运行

通过以上清查工作，软件资产经理王某撰写了本公司《软件资产核查结果分析报告》，报告描述了公司内管理、使用软件的现状，并分析了造成授权许可流失和违规使用的原因。根据该报告，公司总经理办公会再次肯定了实施软件资产管理的必要性，并由外聘专家和王某会同公司办公室、财务部门、IT部门共同起草完成了《N公司软件资产管理规范》，明确了在公司内采购、领用、归还、升级、报废软件的相关制度。

此外，王某的临时软件资产经理一职也被定为正式的管理岗位，并由其编制了"软件资产管理记录表"。自《N公司软件资产管理规范》颁布之日起，王某便通过"软件资产管理记录表"全面记录了公司内软件资产的购买、使用、保管情况，并定期开展软件清查工作。

经过一个预算年度的平稳运行,该公司对软件资产的管理已全面步入正轨。王某不仅主持完成了对《N公司软件资产管理规范》的修订工作,使其更符合公司的生产、经营、管理特点,还会同公司办公室、IT部门共同评估了新一年度的软件采购清单,优化了拟采购软件授权许可的类型,为企业减少了近20万元的不必要投入。

3. 案例分析

N公司实施软件资产管理工作反映出以下几个问题。

(1) 实施软件资产管理工作有必要吗?

我国经过改革开放以来30多年的发展,正面临经济产业结构的转型,以N公司为代表的一批生产加工型、劳动密集型、技术依赖型企业谋求跨越式发展的核心出路就是向创新型转变,而软件资产则是信息时代支撑创新型产业发展的基础性工具。N公司的实例表明,在开始采购正版软件后,应当尽快实施软件资产管理工作。科学合理的软件资产管理制度,不但能够保障公司软件资产流转而不流失,也能够有效降低盲目采购的经费投入,符合企业自身发展的需要。

（2）为什么要选择手工统计清查法？

软件清查有手工统计、发放问卷、使用清查工具等多种方法，各种方法在结果准确性、工序复杂性、覆盖普遍性等方面都存在差异。针对终端计算机少、使用软件不多的实际，N公司采用了手工统计法。这种方法虽然程序相对复杂，需要大量人员保障，却能够得出最为精确的分析结果。因此，与N公司类似的生产加工型企业，不论员工多少，在使用计算机数量不多的情况下，选择手工统计执行软件资产清查是相对理想的选择。

（3）颁布《软件资产管理规范》一个制度够不够？

N公司虽人员众多，但软件使用仅限于行政管理、市场、研发等部门及部分车间，也就意味着使用软件的人群相对有限、集中，且使用软件的习惯相近。因此，在实施软件资产管理初期，制定包含软件采购、分发、维护、使用及报废与监督责任等刚性规则于一体的《软件资产管理规范》即可满足实际工作需要。待公司使用计算机的人群逐步扩大，使用软件习惯相对复杂，软件购买需求总量大幅增加时，可再依情况起草、颁布《软件资产维护与保管细则》《软件资产采购和资金审批管理细则》《员工使用软件产品管理办法》等配套文件，循序渐进，保障制度的实践性与可执行性。

案例二

1. 基本情况

我国华东地区某省Q家纺集团公司，员工超过15万人，其产能、产值均在国内相关行业位居前列。在近10年的快速发展中，该集团不仅在全国率先实现现代化数控流水线作业，还拥有近3万个纺织品花形的数据化生产图纸，能够满足国际、国内家纺市场的绝大多数生产需求。

由于Q集团前身为军工企业，集团领导多年来将主要精力放在了产品的市场拓展和渠道维护方面，虽在产品研发方面屡创佳绩，但对企业自身的知识产权管理关心甚少。直到几年前的一次国际家纺展会，当一位外籍大客户向Q集团总经理明确提出需要出具布料花形版权证明的要求时，才引起集团管理层对版权保护的重视，逐步开始推动企业内的版权保护工作，并树立了"绝不侵权，也不被别人侵权"的创新发展思路。

之后，经过两年多的推进企业使用正版软件工作，Q集团采购了大量正版软件，并安排IT部门专人对软件进行实物管理。然而，因缺少系统的培训和完善的制度，管理秩序不容乐观，多次出现设计师离职带走价格高昂设计软件以及员工擅自安装上网聊天工具，造成设计图纸外流的情况。鉴于此，Q集团索性将在家纺市场得出的知识产权管理经验，应用在软件管理方面，委托国际知名咨询机构，为集团制定全面的软件资产管理规范。

2. 软件资产管理工作流程

通过了解，Q集团旗下员工总数虽超过15万人，但多数是在数控流水线作业，使用软件的员工约有2000人，集中在集团总部和研发部门。由于Q集团的数控生产线依赖数字化家纺花形图纸，所以在拥有办公终端1707台的基础上，还有351台服务器，存储各类花形设计图纸。

在开展软件资产管理工作前，Q集团已采购各类正版软件多达8515套，但因员工众多且计算机数量较多，员工随意安装、使用、处置软件的情况普遍存在；同时，由于采购数量大且分散，已造成软件分配随意、软件许可证保管混乱等问题。

1）前期准备

①考虑到员工众多、各部门规模各异，Q集团首先组织召开了关于开展软件资产管理工作的动员大会，告知各部门负责人，实施这项工作的重要意义。会上，集团任命首席信息官（CIO）孙某担任软件资产经理一职，负责此次软件资产管理工作，并由其组建软件资产管理工作组。

②待查硬件设备为1707台终端机和351台服务器，每台计算机的硬件明细均由IT部登记备案。鉴于计算机数量庞大，软件资产经理孙某决定采用清查工具结合财务对账的方式执行清查。

③孙某从软件资产管理组中派了4名职工执行清查，其中1名职工专门负责服务器，另外3名职工负责在终端机上操作清查工具。

④考虑到集团属劳动密集型企业，计算机使用者众多，工具软件在运行时会影响硬件速度，孙某决定将执行清查的时间安排在员工的休息日进行。

2）分配任务

操作员a、b、c、d进行了分工。其中操作员a负责服务器端的全面扫描；操作员b负责对未联网的台式机、笔记本电脑逐一清查；操作员c和d负责在局域网内的终端里运行清查工具，确保覆盖到每一台机器。在这个过程中，操作员对全部计算机进行了统一的软件资产管理硬件设备序号编排。

3）运行工具

软件资产管理团队根据集团计算机部署的特性，选择SolveSAM软件执行清查工作。SolveSAM软件带有域搜索功能。运行前，操作员已完成设置，确保了每台终端都能在域内被搜索到，并可以互相访问。对于未联网的机器，则采用SolveSAM的U盘扫描功能，最后把扫描结果导入主控端。

4）整合数据

在SolveSAM生成一份简单的软件安装使用报告之后，4名操作员依据软件资产经理孙某的要求，经过汇总、分析数据，形成了一份详尽的"Q集团软件部署情况清查统计表"。

5）账物比对

孙某在集团办公室、财务部的配合下查验了发票、合同等票据，与先前获得的硬件设备清查结果进行了比对，并把软件实际使用与库存情况进行一一核实，分析了软件出入库、流转等环节可能出现的问题。此外，孙某还专门要求软件资产管理工作组人员对数据库较多的设计部和IT部进行了详查，再次将已装软件与库存情况进行了详尽核实。

核查结果显示，集团内安装的操作系统均为某厂商OEM版产品，未发现其他版本或同类软件，且财务购置记录清晰、机身COA标签粘贴正确，说明该软件的使用合规。某商务软件通过开放式许可获得，允许最多50台终端使用，实际扫描时发现73台计算机内装有该软件，但库存登记只部署了31套，说明该软件可能存在过量使用、一号多装的现象。某平面设计软件的登记采购量为300份，扫描发现有286台装有该软件，与部署情况相吻合，但库存剩余数量只有10份，说明有可能存在软件资产流失现象。具体情况如下表所示。

Q家纺集团公司软件资产账物比对分析

	登记采购数	清查硬件设备所得数	合规软件部署情况		库存剩余数量
			已部署	未部署	
某操作系统	2058	2058	2058	0	0
某商务软件	50	73	31	19	19
某设计软件	300	286	286	14	10

计算机数量：1707+351=2058

6）制度化运行

通过清查工作，软件资产经理孙某撰写了本公司《软件资产核查结果分析报告》，向领导层汇报了公司当前的软件资产状况。孙某着重指出，在软件资产的实物管理方面，集团存在巨大漏洞，软件过量使用、私用、流失现象严重。因此，在起草颁布《Q集团软件资产管理规范》，将集团内软件资产采购、领用、归还、升级、保管、处置的一般性制度加以规定后，专门针对软件保管随意的实际，协同IT部门、人事部门起草和发布了《Q集团软件资产维护与保管细则》，该细则明确了软件领用、安装、归还等各环节的详尽流程，以及相关管理人员的权限和职责。经过一段时间的试行，Q集团软件资产的保管、维护工作得以有条不紊地开展。自实施软件资产管理工作以来，所有软件授权许可的安装、使用、借出、归还事项都能够被清晰、详尽地记录在孙某会同IT部门开发的软件资产管理数据库中。

此时，孙某又开始着手协调有关部门将软件资产管理逐步深化，针对劳动密集型企业的特点，不仅建立起了面向员工的知识产权培训机制，还为员工专门制定一套使用软件的规章制度，即《Q集团员工使用软件资产管理办法》，进一步明确了员工使用软件的行为准则，建立起了涵盖集团管理、软件保管、员工使用等范围的、相对全面的软件资产管理体系。

3. 案例分析

Q集团实施软件资产管理工作反映了以下几个问题。

（1）为何运用清查工具执行软件清查？

使用清查工具是一种便捷且相对全面的清查方法。针对劳动密集型企业的特点，即软件使用人员相对广泛、使用终端机较多、涉及软件数量较多且机器涉密内容较少的特性，运用清查工具实施软件清查是较手工统计和问卷调查更为可行的一种软件清查方法。这种方法可以只动用少量的人力，在短时间内客观地体现出企业计算机使用软件的整体概貌，虽无法像手工统计一样精确，但仍能反映企业软件安装、部署、使用的基本信息和情况。

（2）建立软件资产管理数据库的意义？

实施软件资产管理的一项重要内容就是对软件许可证保管情况的记录。对于终端机器较少，软件数量不多的企业，软件资产经理编制纸质或普通电子表格形式的"软件资产管理记录表"加以记录即可。但对于终端机和服务器众多，特别是已采购软件较多的企业而言，具备条件的，还是建议开发软件资产管理数据库。该数

据库可以保证所有软件流转记录的准确性,并可以大大提升软件资产购买、领用、安装等环节记录和统计工作的效率,是辅助软件资产管理工作的最优工具。

(3)规范员工使用软件行为的作用?

类似Q集团的劳动密集型企业在我国还有很多,规范员工使用软件行为不仅可以降低软件资产流失以及企业版权侵权的法律风险,还会极大地提高企业自身的信息安全。以Q集团颁布《员工使用软件资产管理办法》为例,首先,帮助员工进一步明确使用公司软件资产的流程和方法,提高软件资产管理工作的整体效率。其次,通过问责和处罚,明显减少了员工过量使用和擅自处置软件资产的概率,降低软件资产流失的可能。最后,约束了员工私自安装、使用盗版软件的行为习惯,提升企业的信息安全。因此,对于使用软件员工较多的企业而言,规范员工使用软件行为是迫切和必需的。

案例三

1. 基本情况

我国华中地区某省W商业银行总部，常年从事该银行全省范围金融服务网点的管理工作，并具备金融产品的研发和信贷业务的审批职能，聚集了大量高素质专业人才。随着银行系统信息化水平的提升，该商业银行不但完成了全省网点的信息化、网络化工程，还致力于网银业务的开发工作，独立或委托开发了多个网银软件，并承接了相关单位委托的多个金融业信息化项目。

由于涉足信息化工作较早，信息化水平较高，且银行系统对信息安全的要求严格，W商业银行总部多年来已通过直接或间接采购获得大量正版通用软件和数据库软件。与此同时，由于预算支持和承接的金融业信息化项目较多，每年通过项目购得的正版软件数量也在大幅增长。据统计，近两年来，W商业银行总部用于信息化和软件购买方面的投入已经大大超过硬件投入，成为一项重要支出。

鉴于银行业自身的经营特点，当必要的信息化投入和软件采购成本随着业务发展而逐年增加时，精明的银行领导决定成立专门部门对此项工作进行管理。通过职能部门对采购投入进行核算，从而评估各类信息化成果的综合效能，并提升各类软件的使用率。在了解了ISO/IEC 19770-1标准后，银行领导希望在W商业银行总部率先开展软件资产管理工作，待条件成熟时，在全省各分支机构铺开。

2. 软件资产管理工作流程

在实践中，W商业银行聘请了相对熟悉软件资产管理的专家协助开展此项工作。在前期摸底阶段，工作人员了解到该银行总部现有在职员工442人，计算机终端310台，服务器30台，已采购正版软件1161套，对软件使用有基本的内部管理制度，并已有专人管理。此外，银行内人员基本素质较高，对版权制度和正版软件使用具备初步的认知基础，这都将成为软件资产管理工作开展的有利条件。但随着工作深入，有一个现象引起了工作人员的注意，即该银行对软件许可使用方式理解存在一定误区，导致在多个信息化项目同步开发时存在同类软件采购的重叠，即软件冗余。究其原因，是在信息化项目的需求分析阶段，缺少对软件采购的比对审核机制，忽视了一台计算机安装一套合适软件即可同时用于多个项目的合法、合规模式，盲目地认为软件跟着项目走，第一个项目需要杀毒软件，第二、第三个也同样需要，就造成了单一项目的软件采购合理，而全银行范围内部分同类软件库存过量的情况。

鉴于此，工作人员决定在建立软件资产生命周期管理体系时，将软件采购的审核程序列为重点，杜绝因计划不善，控制不周造成的采购过量，即软件冗余情况发生。

1）前期准备

考虑到实施软件资产管理工作的重要性，在召开软件清查工作筹备会议时，W商业银行总经理亲自任命总部办公室主任李某担任软件资产经理，负责此次软件资产管理的全部工作。首先执行软件清查，掌握W商业银行总部每台机器所安装软件的实际情况。

经统计，银行总部内每台计算机的硬件明细均已由办公室登记备案，待查硬件设备为340台计算机，包括台式机和笔记本电脑在内的310台终端和30台服务器。鉴于银行数据安全的特殊性，李某与IT部门协商，决定采用收发问卷、抽样手工统计，结合财务对账的方式执行清查。

据了解，在银行总部340台计算机中，涉密等级较低的120台可以用于执行手工统计，剩余的涉密等级较高的220台只能采用收发问卷的方式执行清查。因此，李某从软件资产管理组中选派5名职工，分两组进行操作。其中，甲组3名操作员负责对120台非涉密计算机进行手工统计，乙组2名操作员专门收发问卷。

2）执行清查

软件资产经理李某根据掌握情况，以言简意赅、清楚明了、信息采集点明确为原则，设计出一套调查问卷，包括所使用计算机中安装的软件类型、名称、版本号、是否自主安装、载体是否归还等信息，并让员工基本采用勾选的方式完成了填写。

此外，在问卷发放之前，李某已与各部门负责人沟通过，确保了员工填写问卷的真实性和客观性。员工填写时遇到疑问，对应的操作员及时提供了咨询服务和技术支持。

3）整合数据

问卷和抽样手工统计（参考案例一）的信息采集工作完成之后，甲组和乙组操作员分别把各自数据用统一的模板整理出了清查统计表，主要包含硬件设备编号、各软件名称、版本号、序列号、发行商等信息。软件资产经理李某在整合两组数据时发现，虽然清查方式不同，但两组数据出入不大，基本如实反映了总部的软件使用情况。

4）账物比对

李某在财务部和IT部的配合下进行了比对，发现W商业银行总部某杀毒软件的登记采购为场地许可协议，清查硬件设备时发现全部计算机均装有此软件，但该银行还因某信息化项目购入同类杀毒软件彩包100套，均未启用，造成大量冗余。某财会软件的登记采购量为300套，清查硬件后发现仅有220台终端机有安装记录，并且在库房中有80套未启封的闲置软件，说明该软件也存在严重的过量采购问题。

从另一个角度来看，W商业银行总部过度采购的冗余软件虽暂时得以妥善保管，未发生流失现象，但也存在着随时可能被员工擅自挪用的风险。

5）制度化运行

通过以上清查工作，专家组在开展软件资产管理摸底工作时提出的资金核查和审核漏洞问题彻底显现出来。因为该银行每年的财务预算和信息化项目需求分析都没有对软件的需求情况进行排重，造成了许可证仍有效的同类软件大量闲置、冗余。

据此，软件资产经理李某在起草、发布《W商业银行软件资产管理规范》时，着重强调了软件排重和资金审核机制的重要性，并在财务部、办公室等部门的配合下，起草、发布了《W商业银行软件资产采购和资金审批管理细则》，进一步规范了日常采购软件与信息化项目采购软件以及多个信息化项目间采购软件的排重程序，理顺了软件采购资金审批机制。

一个预算年度过后，W商业银行不仅在软件安装、使用、归还、升级等实物管理方面呈现出了井然有序的面貌，通过严格的资金审批和软件排重程序，还节约了近40万元的采购支出，整体工作取得了积极成效。此后，W商业银行领导决定将此前专门组建的信息化部门改组为信息化和软件资产管理部，李某兼任该部门负责人，保障在未来的发展中把软件资产管理政策有计划地落到实处。

3. 案例分析

W商业银行总部实施软件资产管理工作反映了以下几个问题。

（1）为何有的项目需要的软件，在实践中却不需购买？

依据著作权制度和软件授权许可的一般性规定，正版软件只要在授权有效期内和厂商规定的使用次数内安装在某台计算机上，即可视为该机器运行软件合法、合规，无盗版之嫌。因此，如果某台计算机早已安装了某款正版商用软件，

而这台计算机又同为未来某一信息化项目的终端，则在该信息化项目进行需求分析时，就应明确不再为这台计算机配置同样的正版软件，否则就会造成重复购置和资金浪费。举个例子，W商业银行为了保证办公自动化平台运行，为全部计算机配置了专业安全软件，紧接着网银结算工作平台要上线，而该平台也需要同样的安全软件。那么只要所涉及的计算机已安装了为办公自动化平台服务的安全软件，就没有必要再为其额外购置和安装同类软件了。所以，应树立"软件跟着机器走"的理念，摆脱"软件跟着项目走"的认识误区。

（2）软件采购资金审核制度是否只是对财务程序进行规范？

W商业银行的实际告诉我们，对于软件采购的资金审批制度绝不仅是对财务程序进行简单规范，其实质还应包括对软件库存和使用情况的审核比对。软件不同于实物产品，其价值以授权许可形态体现，不论光盘等载体是否存在，只要许可证在有效期内，其生命周期就未完结。故在日常零散采购和年度集中采购时，应充分考虑已有软件的授权期限和库存情况，这样才能制定最为合理的采购需求。同样，在多个信息化项目同步开发时，也应考虑各自的软件采购计划是否存在重复和交叉，只要存在交集，就不应盲目采购。因此，软件采购资金审核制度的核心应当是实现程序严谨和按需采购的有机结合。

（3）为何采取发放问卷结合抽样人工统计的方法执行软件清查工作？

金融保险类企业，在终端机和服务器中存储有大量客户信息等商业机密文件，对信息安全要求极为严格，即使在同一局域网内或信息化平台内，也对各终端设有不同权限。在这样的情况下，软件清查工作就应优先考虑信息安全。如此，使用工具软件进行全面普查的可行性明显不强，而面对众多的机器数量和不同的信息安全要求，进行全面的手工统计也不现实。所以，对于军工等相关涉密机构和金融保险类安全等级较高的企业而言，建议在开展软件资产管理工作初期采取发放问卷为主，辅以抽样选取安全等级低的终端进行手工统计的方法进行软件清查工作，进而在不危及信息安全的前提下，相对全面地了解企业安装、使用软件的基本情况，以及员工使用软件的习惯。

第四章 企业软件资产管理制度的示范文本

前面章节提到，为使企业的软件采购、使用、管理更为科学、规范，在企业内建立一套完备的软件资产管理制度，是实施软件资产管理的关键所在。本章将介绍根据历次软件清查得出的《软件资产核查结果分析报告》，以及《企业软件资产管理规范》《企业软件资产维护与保管细则》《企业软件资产采购和资金审批管理细则》《企业员工使用软件产品管理办法》《企业软件资产经理岗位职责》等制度文件，企业可根据自身情况，酌情修订发布。

一、《软件资产核查结果分析报告》

依据企业软件资产管理工作需要，自 __ 年 __ 月 __ 日至 __ 年 __ 月 __ 日，软件资产管理工作小组通过（清查工具/手工统计/发放问卷）方法，对本公司的全部软件资产进行了（全面/抽样）核查。经统计，本公司共有服务器 __ 台，终端计算机 __ 台，涉及此次核查的服务器 __ 台，终端计算机 __ 台，结合公司财务部门和技术部门对软件资产的购入和管理情况，现分析如下。

1. 软件资产管理和使用现状

1）现有终端设备使用软件基本情况

核查表明，本公司的全部 __ 台终端计算机中，安装操作系统共 __ 个，其中涉及（软件名称） __ 个，（软件名称） __ 个；安装安全软件 __ 个，其中涉及杀毒软件（软件名称） __ 个……此外，员工自主安装的共享软件或免费软件（软件名称） __ 个，（软件名称） __ 个……

2）近年来公司新增软件资产情况

核查表明，本公司自 __ 年 __ 月 __ 日至 __ 年 __ 月 __ 日，共通过采购、接受赠与、与硬件捆绑购入等方式新增操作系统授权许可（软件名称）共 __ 个；安全软件（软件名称）共 __ 个；办公软件（软件名称）共 __ 个；商业软件（软件名称）共 __ 个……

3）现有软件载体和授权许可等留存情况

经核查，由技术部门保管和存在保管记录的软件为操作系统授权许可（软件名称）__ 个；安全软件（软件名称）__ 个；办公软件（软件名称）__ 个；商业软件（软件名称）__ 个……

4）公司信息化产品管理和使用情况

经统计，自 __ 年 __ 月 __ 日至 __ 年 __ 月 __ 日，公司独立开发或委托相关机构完成的信息化项目共 __ 项，涉及信息化产品 __ 项；现处于研发阶段，且未验收的信息化项目 __ 项；在已完成并验收的信息化产品中，有 __ 项正在投入使用，涉及服务器 __ 台，终端计算机 __ 台。上述信息化产品中，由公司技术部门保管的信息化成果数据备份 __ 套，文档材料 __ 套。

5）公司新增软件资产金额和价值估算

经统计，自 __ 年 __ 月 __ 日至 __ 年 __ 月 __ 日，公司独立购买商业软件的总资金投入为 __ 元，涉及……（软件名称、软件公司名称和对应金额）；接受赠与的商业软件价值约为 __ 元（参照市场价评估），涉及……（软件名称、软件公司名称和对应金额）；通过与硬件设备捆绑方式购入的软件价值约为 __ 元（参照市场价评估），涉及……（软件名称、软件公司名称和对应金额）；公司用于信息化产品开发的投入 __ 元，涉及……（信息化项目名称、开发公司名称和对应金额）。

2. 软件资产管理现状分析

结合已查的公司软件资产基本情况，核对有关财务和管理数据以及软件价值评估数据，做出分析如下。

1）通用软件

公司拥有合法授权的操作系统许可总数为 __ 个，通过独立购买的有（软件名称）__ 个，与硬件设备捆绑采购的有（软件名称）__ 个，其中已安装、使用操作系统（软件名称）共 __ 个。在取得合法授权的操作系统中，已由技术部门保管的操作系统载体、许可证以及相关文件 __ 套，留存在公司员工处 __ 套。

公司通过独立采购的形式获得合法授权的安全软件、办公软件（软件名称）授权许可分别为 __ 个，其中，已安装、使用的 __ 个。在已取得合法授权的通用软件中，已由技术部门保管的软件载体、授权许可以及相关文件 __ 套，留存在公司员工处 __ 套。

由于未能及时建立软件资产管理制度，在通用软件上造成的软件资产（冗余/流失）__ 个/套，涉及金额约 __ 元。

2）业务软件

公司通过接受赠与的形式获得合法授权的业务软件（软件名称）授权许可 __ 个/套，其中已安装、使用的 __ 个/套。

由于未能及时建立软件资产管理制度，在业务软件上造成的软件资产（冗余/流失）（软件名称） __ 个/套；软件载体、许可证以及相关文件流失或下落不明 __ 个/套，涉及金额大约为 __ 元。

3）信息化产品

在公司已完成并通过验收的信息化产品中，由公司技术部门保管的信息化成果数据备份 __ 个，文档材料 __ 套；由公司业务部门保管的信息化成果数据备份 __ 个，文档材料 __ 套。

3. 软件资产管理工作建议

（1）基于核查分析，建议公司对已享有合法授权许可软件的冗余情况（现有操作系统、安全软件、办公软件授权许可冗余 __ 个）进行深层统计，并与未来可能发生的软件购置项目进行比对，最大限度地发挥已有软件合法授权的使用效能，做到合理配置，避免重复购置而造成的浪费。

（2）鉴于公司内已经出现员工擅自将软件资产转借他人或自由处置的情况，以及软件原载体和许可证下落不明的实际，建议公司常设软件资产经理岗位，由专人对软件资产进行管理，并建立软件资产管理制度体系，包括《企业软件资产管理规范》《企业软件资产维护与保管细则》《企业软件资产采购和资金审批管理细则》《企业员工使用软件产品管理办法》《企业软件资产经理岗位职责》《企业软件资产管理运行监督规范》等，杜绝由于直接、间接或主观、客观原因造成的软件资产流失现象发生。

（3）鉴于公司员工大量使用（软件名称）等免费和共享软件的情况，建议公司采取措施，以保证企业信息安全，并提高公司网络和软件运行环境的稳定性，降低软件维护和更新成本。

（4）建议在下一步的工作中购买（软件名称），以便公司在安装、使用软件产品时将法律风险降至最低。此外，考虑到部分软件授权期限即将结束，遵循节约高效的原则，建议采购相关软件。

二、《企业软件资产管理规范》

1. 总则

第一条 为提高企业的信息和金融安全，消除软件浪费和冗余，提升本公司对已购买软件产品的综合管理效能，降低法律风险，节约资金，提高使用效率，特制定本规范。

第二条 软件资产管理工作遵循统一政策、统一管理、合理配置、物尽其用、责任到人、财务管理与实物管理相结合的原则。

第三条 本规范所称软件资产，是指价值在规定标准以上（一般市场价值100元以上，含企业信息化成果），授权使用期限在一年以上，通过企业日常预算购买、专项经费购置、接受赠与等方式获得，并以软件载体、许可证、信息化成果的拷贝（含文档材料）等形式存在的资产，包括获得合法授权并已安装的软件。

软件资产的载体包括光盘母拷贝、软磁盘母拷贝、硬盘母拷贝、移动存储母拷贝、互联网下载文件的源文件等；许可证包括企业与软件著作权人签订的授权协议、产品外包装上的授权序列号、载体盘面上的序列号、OEM产品的内置信息，以及电子文档格式的授权密钥等。

第四条 企业软件资产可分为四大类：通用软件、业务软件、信息化产品和文档材料以及其他类。

2. 管理机构及职责

第五条 软件资产经理是企业内部软件资产管理项目的责任人员，主要职责是：

（1）会同有关部门研究制定软件资产配置限额标准；每个预算年度负责与职能部门、行政部门汇总编报软件资产采购计划。

（2）负责软件资产数据信息的维护和软件资产账卡管理、清查盘存、出入库登记等日常工作，做到账账相符、账卡相符、账实相符，防止软件资产浪费和流失；协助技术部门进行软件资产的采购、验收、维护、保管等工作。

（3）负责软件资产的配置、处置、调拨、出借等事项的流转手续，并具体组织实施。

（4）负责组织软件资产评估、清查、盘存、编写统计报告，每预算年度向总经理办公会上报软件资产盘存情况和采购建议等。

第六条 总经理办公会是软件资产管理的监督机构。其主要职责是：

（1）对软件资产管理工作进行监督；

（2）负责软件资产采购预算的审核工作；

（3）负责软件资产配置、处置、调拨、出借等事项的审核工作；

（4）对软件资产管理相关制度拥有解释权。

3. 软件资产采购、配置

第七条 企业技术部门负责软件资产的采购、安装和日常维护工作，其他部门或个人未经批准不得自行购置。

第八条 软件资产配置严格按相关法律法规和企业有关制度规定执行，遵循合法授权、从严控制、合理配置、避免浪费的原则。

企业各部门以及下辖机构对通用软件和业务软件的使用与购置进行申请，从实际需要出发，合理配置，能通过调配解决的，原则上不重新购置。

第九条 常规配置软件资产，按照以下程序进行：

（1）每年12月31日（可按预算年度标准确定）前，各工作部门提出下一个预算年度的软件增加配置申请，报软件资产经理及技术部门；软件资产经理会同技术部门审核各工作部门使用软件的状况，结合配备标准和授权期限以及现有同类软件存量，提出企业年度采购计划（包括各类采购形式的不同优惠措施）。

（2）软件资产经理及技术部门制定的下一年度采购预算，经总经理办公会审核，报相关主管领导审批后，列入企业年度预算。

（3）软件资产经理及技术部门根据采购计划及预算，结合实际分批购置计划内软件资产并验收登记至"软件资产管理记录表"，会同财务部门进行账务处理。

第十条 临时采购软件资产，按照以下程序进行：

（1）员工提出的软件配置需求未列入预算年度统一采购规划，且为合理需求、无库存的，由软件资产经理及财务部门提出购买申请。

（2）该采购申请经财务部门和总经理办公会审核，相关主管领导审批后，购置相关软件并验收登记至"企业软件资产管理记录表"，会同技术部门进行账务处理。

第十一条 软件资产经理及技术部门的具体采购行为严格按照《企业软件资产采购与资金审批管理细则》的规定执行。

第十二条　各下辖机构纳入统一采购范围的软件资产，实施整体采购。

软件资产采购采用常规采购和临时采购、集中采购和分散采购、普通采购和专项采购相结合的方式。

4. 软件资产领用、使用、退还

第十三条　软件资产实行领用、使用、退还管理制度。

软件资产属于企业的重要资产，由企业统一管理，领用工作部门或个人有使用权，无转移安装、转借、处置权利。软件资产使用须履行领用手续，做到"领用、签字、使用"统一。软件载体、许可证、安装说明等用毕，即交还软件资产经理处，并签字确认。

软件资产停用、升级、删除、报废由软件资产经理负责，使用者不得私自处置。

第十四条　员工是软件资产的领用者和使用者，主要职责包括爱护和正确使用软件资产，避免软件载体和许可证等丢失、毁损，保证软件资产完整；及时向软件资产经理及技术部门申报需使用和增加配置的软件资产。

员工领用、使用软件遵循如下程序：

（1）填写"软件资产使用申请表"（以下简称"申请表"，样表参见附件3）报软件资产经理处；

（2）软件资产经理会同技术部门进行审核；

（3）审核通过，按照有关程序申请配置，并由技术部门协助安装。

第十五条　"申请表"是工作人员领用、使用软件资产记录的原始凭证。"申请表"包括领用软件名称、换装、升级等内容。

软件资产经理在收到"申请表"后，会同技术部门进行审核，同意配置的应编制"软件资产管理记录表"，记录包括新增、转出、转入、退还、盘亏、盘盈等内容信息。"软件资产管理记录表"还须注明规格版本、流转记录等信息，以备盘点核实。

第十六条　软件资产领用实行"谁使用、谁领用"的管理原则。领用人在"申请表"上签字确认，领取软件，用毕归还。

企业内部普装的通用软件（如全面更换操作系统、安全软件），由技术部门负责人签领；各工作部门统一安装的软件，由部门负责人签领；企业领导领用软件，由秘书代为签领，并标注领导姓名。

第十七条　领用人负有在软件载体和许可证归还前的保管义务，应爱惜使用，避免丢失、毁损。

发生软件资产（软件载体、许可证、信息化成果和文档材料）丢失、毁损情况，领用人应及时报告软件资产经理，并提供所在部门领导签批的说明材料。

软件资产经理查明软件资产丢失、毁损原因后报总经理办公会。其中，软件资产毁损的，在软件资产毁损原因查明后，对该项资产进行报废、报损处置。

由于人为原因导致软件资产丢失、毁损的，且情节严重者要求相关责任人承担相应赔偿责任。

第十八条　软件资产经理会同技术部门负责软件资产的安装、升级、删除、维护工作。领用人须爱惜软件资产，出现使用问题报技术部门，由技术部门进行评估后，提出更换和修复意见。

第十九条　调离人员应办理软件资产交接手续。

（1）软件资产经理应对调离人员履行调离核查程序，确认其在调离前已退还软件载体、许可证、安装说明、信息化成果以及文档等软件资产。

（2）对于已离职人员未退还软件资产的情况，其所在工作部门应协助软件资产经理催促其退还。离职员工不按时退还软件资产的，须追究相关人员责任，并赔偿资产损失。

第二十条　软件资产未经批准不得出借，以及用于私人计算机安装。特殊需要的，须报软件资产经理及技术部门审核。

员工个人购置的软件产品，不纳入企业软件资产。与企业所购软件相同或类似的，禁止安装；对工作有利的其他软件产品，应向软件资产经理提出使用申请，获批准后方可安装。

第二十一条　员工领用、使用、退还软件资产的具体行为严格按照《企业员工使用软件产品管理办法》《企业软件资产维护与保管细则》的规定执行。

5. 软件资产处置

第二十二条　软件资产处置包括各类软件载体、许可证、信息化成果和文档材料的调拨、出售、置换、报损、报废、删除等。处置软件资产范围包括：闲置软件；因达不到业务要求确实需要淘汰、报废、删除的软件；版本陈旧已不再使用、正常淘汰的软件；已超过授权期限，无法使用的软件等。

第二十三条　闲置的软件载体、许可证、信息化成果和文档材料须由软件资产经理统一管理；按照"物尽其用"的原则，进行调配使用，无使用价值的有计划集中处置。

第二十四条　软件资产处置遵循"先申报、后处置"的原则。由软件资产经理、技术部门提出处置意见后，按审批权限依次报送总经理办公会、相关主管领导审批后办理。

第二十五条　未经审批，不得擅自以报废、删除等方式处置软件资产。

6. 软件资产评估、统计报告、清查盘存

第二十六条　属于下列情况的，软件资产经理应对相关软件资产进行评估：

（1）没有原始价格凭证的软件资产（含与硬件设备捆绑的）；

（2）接受赠与的软件资产；

（3）依照国家有关规定需要进行评估的信息化成果；

（4）其他可进行评估的软件资产。

第二十七条　没有原始价格凭证的软件或与硬件设备捆绑销售的软件应参照市场通行价格进行评估；信息化成果可参照开发费用和市场前景分析进行预估，条件允许的可委托著作权价值评估机构进行评估。

第二十八条　软件资产管理实行信息化动态管理，建立"软件资产管理记录表"或软件资产管理数据库，确保记录清晰、账卡相符。

第二十九条　软件资产经理与技术部门会同财务部门实行年度对账制度，确保账账相符。

第三十条　软件资产经理每年对软件资产盘点核查，确保账物相符；盘点数据列入当年企业管理报告报总经理办公会。

第三十一条　软件资产经理可根据需要，与技术部门、财务部门制定软件资产使用核查实施办法，实时对软件进行核查。

7. 监督检查与法律责任

第三十二条　软件资产经理应认真履行职责，加强软件资产管理和监督，坚持企业内部监督与财务监督相结合、日常监督与专项检查相结合，依照法律和相关规定确保软件资产的安全、完整。

第三十三条　软件资产经理于每年12月31日（可按预算年度标准确定）前，编制当年的软件盘查数据，报总经理办公会审查；软件资产经理与技术部门、财

务部门共同编制年度软件采购计划并与年终采购结果进行数据比对，用以核查软件资产管理工作成效；此外，软件资产经理于每预算年度末编制的企业软件资产评估分析报告，也将作为企业年度总资产核算的重要参考。

第三十四条　员工违反本规范的规定，有擅自占有、使用、处置软件资产行为的，按照《企业员工使用软件产品管理办法》处理。违反国家规定的其他行为，按照有关法律法规处理。

8. 附则

第三十五条　本规范自发布之日起实施。

第三十六条　本规范条款解释权归总经理办公会（或相关部门）。

三、《企业软件资产维护与保管细则》

1. 总则

第一条　为加强企业对软件资产的全面管理，提升员工的工作效率，统一软件资产的维护流程，集中保管软件载体、许可证、信息化成果和文档材料，特制定本细则。

第二条　软件资产经理是软件资产的管理者，是软件资产维护与保管工作的负责人。

第三条　软件资产的维护涉及安装、修复、升级、卸载等过程。软件资产的维护对象是软件载体、许可证、信息化成果和文档材料。

第四条　软件资产的分类：通用软件（操作系统、安全软件和办公软件等）、业务软件（商务软件、设计软件、多媒体软件等）、信息化成果文档材料、其他软件（即时通信和网络应用软件等）。

（1）操作系统：管理硬件与软件资源的程序，是计算机的内核与运转中枢。常见的有DOS、Windows、Mac OS、Linux等。

（2）安全软件：可以对病毒、木马等一切已知的对计算机有危害的程序代码进行清除的程序工具，分为杀毒软件、系统工具和反流氓软件。常见的有金山、瑞星、赛门铁克、卡巴斯基等。

（3）办公软件：可进行文字处理、幻灯片、表格制作、简单数据库处理等方面工作的软件。常见的有微软Office、WPS Office和永中Office等。

（4）商务软件：包括财会、统计、电子商务等软件。如速达、金蝶、用友财务通等。

（5）设计软件：包括工程设计、项目设计、平面设计、艺术设计等。常见的有Photoshop、Illustrator、Premiere、3Ds Max、AutoCAD、Dreamweaver、Flash、After Effects等。

（6）多媒体软件：包括图像处理、音视频处理、多媒体播放、格式转换等。如会声会影、Cool Edit、暴风影音、格式工厂等。

（7）数据库软件：包括企业购买的专用数据库软件，常见的有Oracle、MS SQL Server、FoxPro等。

（8）即时通信软件：通过即时通信技术来实现在线聊天、交流的软件。常见的有MSN、QQ、飞信、旺旺、SKYPE等。

（9）网络应用软件：包括下载软件、浏览器、压缩工具等。如迅雷、网际快车、傲游、WinRAR等。

（10）信息化成果和文档：包括企业享有知识产权的应用软件、数据库等，以及与相关成果对应的需求说明、总体设计、用户手册等文档材料。

（11）其他类：其他各种可列入软件资产的软件种类。

2. 软件资产的维护

第五条 软件资产的领用与安装。

员工填写"软件资产使用申请单"报软件资产经理处；软件资产经理会同IT部门进行审核；审核通过后，按照有关程序申请配置，并由IT部门协助安装。

（1）通用软件、业务软件及一般软件的安装，由IT部门执行。安装过程中涉及输入许可证信息的，由软件资产经理提供给安装人员。安装完毕，软件资产经理回收软件载体和许可证。安装人员不得透露许可信息。

（2）企业信息化成果的安装，由IT部门执行。安装完毕，安装人员应对功能、权限进行配置。配置完成后，有载体的交还软件资产经理，没有载体的对安装源文件进行本地脱离。

（3）涉密软件、高风险软件等其他特殊软件的安装，须由软件资产经理监督安装过程，并亲自输入授权许可信息。安装完毕后，软件资产经理立即收回软件载体。

第六条　软件资产的修复与升级。

（1）修复是指软件在使用过程中，因操作不当、病毒入侵等内外部因素引起无法运行，需要进行恢复。修复包括软件自带的"修复"功能，以及重新安装。若要进行"修复"，使用者可在报告软件资产经理后自行操作，并及时反馈修复情况；若需要重新安装，则应参考本细则第五条。

（2）升级是指软件随时间、使用环境、技术要求等因素的推进与变化，由软件开发商做出的优化、更新、调整。软件的手动升级由软件资产经理统一安排执行；系统提示自动升级时，由使用者操作完成，若无法完成，使用者应及时告知软件资产经理。

第七条　软件资产的卸载。

本条中涉及的概念是软件的本地永久性删除，不包括重新安装前的预卸载情况。涉及软件资产卸载的情况有：因达不到业务要求确实需要淘汰、报废、删除的软件；版本陈旧已不再使用的，正常淘汰的软件；已超过授权期限，无法使用的软件等。

（1）通用软件、业务软件、一般软件及信息化成果的卸载，由软件资产经理、IT部门提出处置意见后，按审批权限依次报送总经理办公会、相关主管领导审批后执行。卸载结束，应归还许可证，软件资产经理对该软件的许可状态进行更新。

（2）涉密软件、高风险软件等其他特殊软件的卸载，须由软件资产经理请示主管领导后，亲自执行。卸载结束，立即回收授权许可。

3. 软件资产载体的保管

第八条　企业软件资产的载体包括光盘母拷贝、软磁盘母拷贝、硬盘母拷贝、移动存储母拷贝、互联网下载文件的源文件等。

第九条　软件资产采购完成后，原始产品应立即交软件资产经理验收，并对每一个软件编码、入库，实施"一码一袋"的档案袋管理，进行加密专柜存放。

第十条　档案袋内信息应具备唯一的企业软件资产代码、软件载体、许可证、安装说明、使用说明、流转记录等内容。

第十一条　软件资产经理应确保软件在对象计算机内安装调试完毕、可脱离载体运行的情况下，48小时之内回收载体原件，并做相应的登记备案。软件载体在48小时之内若无法回收，应由使用者所在部门开具证明，申请延期归还。领用期内若发生载体丢失、毁损、盗用等情况，软件资产经理可追责其所在部门。

若软件的运行依赖载体，应在相应的软件载体流转记录中注明。

第十二条　软件资产经理应随时掌握每一个软件载体的库存情况、当前所在位置、领用人、领用期限等信息。

第十三条　企业享有知识产权的信息化成果，包括软件成品、源代码、数据库以及需求分析、总体设计、用户手册、安装说明等文档材料，应由软件资产经理统一进行备份，并妥善保管其光盘拷贝、硬盘拷贝或其他存储形式的拷贝。

第十四条　软件载体在入库保管期间，若发生丢失、毁损、盗用等情况，软件资产经理应承担全部责任。

第十五条　未经软件资产经理和总经理办公会批准，企业软件载体严禁用于任何形式的私人用途。

4. 软件资产许可证的保管

第十六条　企业软件资产的许可证包括企业与软件著作权人签订的授权协议、产品外包装上的授权序列号、载体盘面上的序列号、OEM产品的内置信息，以及电子文档格式的授权密钥等。

第十七条　软件资产采购完成后，许可证应立即交软件资产经理存档。许可证中涉及的授权码、序列号出现在载体包装上时，应及时抄录有关内容进入电子文本，以防公开或丢失。带有激光条码、普通序列号等原授权许可信息的外包装，严禁随意弃置。

第十八条　涉密软件、高风险软件等其他特殊软件的领用、安装、修复、升级、卸载过程需要输入授权许可信息的，必须由软件资产经理本人操作。

第十九条　软件资产经理应随时掌握每一个软件许可证的库存情况、当前所属主机、使用人、使用期限等信息。

第二十条　软件许可证的保管，应最大程度地进行保密管理，使用者也须尽到对授权许可信息保密的义务。若发生许可协议无效、提前失效、丢失等情况，软件资产经理和使用者共同承担责任。

第二十一条　当软件许可证不可量化、形象化管理时，软件资产经理应采取有效措施，妥善保管许可信息，以防遭盗用、过量使用。

5. 软件资产的交接

第二十二条 企业软件资产使用者调离时，应办理软件资产交接手续：

（1）软件资产经理收到人事部门"员工离职工作通知书"后，应核对离职员工领用的软件，确认无未退还软件载体、许可证、安装说明、信息化成果和文档等软件资产后，在"员工离职工作通知书"上签字，完成在软件资产管理方面对员工的离职核查程序。

（2）对于已离职人员未退还软件载体、许可证、安装说明、信息化成果和文档等软件资产的情况，其所在工作部门协助软件资产经理催促其退还；离职员工不按时退还软件资产，或者软件载体及许可证丢失、毁损，须追究相关人员责任，并赔偿损失。

第二十三条 企业软件资产经理本人调离时，应提前选好交接对象，作好交接准备。

（1）交接时，原软件资产经理应把所有工作内容转交新任软件资产经理，包括企业的"软件资产管理记录表"、软件资产评估分析报告、所有软件档案袋、与各部门以及个人签订的表单等。

（2）交接完成后，经总经理办公会及IT部门审核，相关负责人签字，原软件资产经理方可调离。

（3）新任软件资产经理正式到任，须对有关数据资料进行导出、重新加密等工作，以保障信息安全。

6. 附则

第二十四条 本细则自发布之日起实施。

第二十五条 本细则条款解释权归总经理办公会（或相关部门）。

四、《企业软件资产采购和资金审批管理细则》

1. 总则

根据企业软件资产管理的要求，现就本公司软件资产采购和资金审批的主要流程和具体事项，规范如下：

第一条 IT部门负责软件资产的采购、配置工作，软件资产经理具有对软件资产采购合理性进行评估和进行监督的义务。

第二条 软件资产配置严格执行相关法律法规和企业有关制度规定，遵循合法授权、从严控制、合理配置、避免浪费的原则。

企业各部门以及下辖机构对通用软件和业务软件的使用和购置申请，从实际需要出发，合理配置，能通过调配解决的，原则上不重新购置。

第三条 软件资产是指价值在规定标准以上（一般市场价值100元以上，含信息化成果），授权使用期限在一年以上，通过企业日常预算购买、专项经费购置、接受赠与等方式获得，并以软件载体、许可证、信息化成果的拷贝（含文档材料）等形式存在的资产。

2. 软件资产采购流程说明

第四条 软件资产采购采用常规采购和临时采购相结合的形式、集中采购和分散采购、普通采购和专项采购相结合的方式。

第五条 常规采购，即在每一预算年度末，结合对公司未来一年生产经营规模和发展状况的预期，而实施的能够基本满足公司下一预算年度软件资产使用需求的采购行为。

常规采购的基本流程和资金审批方式为：

（1）每年12月31日（可按预算年度标准确定）前，各工作部门根据本部门人员变化和业务发展规模情况提出下一预算年度的软件资产使用计划。需要增加配置的，填写"软件资产使用申请单"，经部门负责人签字后，报至软件资产经理及IT部门统计评估。

（2）软件资产经理及IT部门依据各工作部门提交的"软件资产使用申请单"和软件资产使用计划，结合相关软件在使用中的实际状况、各部门的软件配备标准、现有软件授权期限以及同类软件库存情况，对其合理性进行评估，并确定合理采购需求。

（3）软件资产经理及IT部门在确定各工作部门提交的合理采购需求后，应加入本公司整体软件更新、升级所需购买的软件产品或许可证等内容，提出本公司年度采购计划。

该采购计划应包括软件分类、软件名称、版本号、开发商报价、采购数量、授权期限以及通过集中采购等不同类型购买方式获得授权许可的优惠措施等。

处置旧软件、安装新软件的，还应提交更新说明。

（4）软件资产经理及IT部门根据已完成的采购计划，进行市场询价，并制定下一年度软件资产采购预算，交财务部门审核，经总经理办公会讨论，报相关主管领导审批后，列入公司年度预算。

（5）IT部门根据采购计划及采购预算，寻找和确定供应商，并结合实际签署购买协议，采用集中采购和分散采购、普通采购和专项采购相结合的方式分批购置计划内软件资产。

第六条 未纳入常规采购计划，即年度统一购置计划，需临时追加采购软件资产的，应遵循如下基本流程和资金审批方式：

（1）由部门员工填写"软件资产使用申请单"，经部门负责人签字后，报至软件资产经理及IT部门统计评估。

（2）软件资产经理及IT部门评估认为购买事项合理，同类软件无库存，且未纳入常规采购计划的，可以制定临时采购建议，并由IT部门询价。

（3）在IT部门确定软件资产供应商和购买价格后，由软件资产经理及IT部门共同提出购买申请和预算说明，报财务部门和总经理办公会审核，相关主管领导审批，由财务部门拨付IT部门相关款项用于购置。

3. 软件资产验收和财务报销

第七条 软件资产经理及IT部门依据采购计划以及采购预算与收到的软件载体、许可证等进行核对和验收，核对无误的，由软件资产经理将有关事项和信息记入"软件资产管理记录表"，并由IT部门编制"软件产品入库单"。

"软件产品入库单"内容应包括软件分类、软件名称、版本号、开发商名称、购买价格、购买数量、购买时间、授权期限、现场供应的文件等。"软件产品入库单"一式三份，软件资产经理、IT部门、财务部门各持一份。

第八条 采购软件资产，IT部门付款时应核对购买协议供货发票和"软件产品入库单"，根据财务审核及相关主管领导审批意见支付货款，进行账务处理。

购买过程中，原则上应在货到且发票入账后根据合同规定付款，或者在货及发票到达的同时付款，一般不采用预付款的方式结算。

4. 附则

第九条 公司的下辖机构均纳入统一采购范围，实施整体采购。各业务工作部门和下辖机构未经批准不得自行购置软件。

第十条 公司的信息化项目不适用本细则的规定。

第十一条　本细则自发布之日起实施。

第十二条　本细则条款解释权归总经理办公会（或相关部门）。

五、《企业员工使用软件产品管理办法》

1. 总则

第一条　为提高企业信息安全，消除软件浪费和冗余，提升本公司对已购买软件资产的综合管理效能，降低法律风险，依据《企业软件资产管理规范》，面向员工制定本办法。

第二条　员工是软件资产的领用者和使用者，主要职责包括爱护和正确使用软件资产，避免软件载体和许可证等丢失、毁损，保证软件资产完整；及时向软件资产经理及IT部门申报需使用和增加配置的软件资产。

第三条　员工应自觉依据本办法在公司内安装、使用各类软件。对不按规定行为操作，擅自处置软件资产的，或因人为原因导致软件资产丢失、毁损，对企业利益造成损害且情节严重的，企业将追究当事人的各种责任。

第四条　企业设立软件资产经理岗位，负责企业内部的软件验收、分发、保管、维护、升级、处置、删除等工作，员工应按照本办法的要求，在软件资产经理的统一指导下使用软件。

2. 企业经授权软件的管理使用

第五条　本公司使用的计算机通用软件（操作系统、安全软件和办公软件）、业务软件（商务软件、设计软件、多媒体软件等）、信息化成果和文档材料以及其他软件，必须是本公司已获得授权的软件资产。禁止员工自行下载、复制、安装其他相关软件。

第六条　本公司计算机内已安装的通用软件、业务软件、信息化成果等，员工不得随意删除、修改。

第七条　员工申请安装、使用本公司已获得授权许可的软件，需填写"软件资产使用申请单"，报请部门主管批准后，交软件资产经理及IT部门评估。软件资产经理及IT部门经评估认为使用申请合理的，员工从软件资产经理处统一领取软件载体、许可证等，并在IT部门指导下进行安装。

第八条　员工领用本公司已获得授权许可的软件资产在对象计算机内安装调

试完毕、可脱离载体运行的情况下，应当于48小时内将领取的软件载体、许可证等归还至软件资产经理，并上报安装情况和签字确认。

第九条 员工对本公司计算机安装已获得授权许可的软件资产的升级、修改，须在软件资产经理及IT部门的统一指导下进行。

第十条 软件资产未经批准不得出借以及用于私人计算机安装。

3. 个人下载、安装软件的管理

第十一条 在本公司计算机中，允许员工安装的免费、共享软件包括 ＿＿＿、＿＿＿、＿＿＿、＿＿＿、＿＿＿等。对于其他"自由软件""免费软件"和"共享软件"的下载使用，须经软件资产经理批准；未经批准，任何员工不得下载、复制、安装软件至本公司计算机中。

第十二条 员工间使用存储设备或移动通信设备拷贝"自由软件""免费软件"和"共享软件"产品，需对该软件的授权许可情况尽到合理注意的义务，并对软件进行杀毒，方可安装。具体情况难以把握的，可征询软件资产经理及IT部门意见。

4. 其他规范

第十三条 企业信息化项目自验收之日起30日内，由项目负责人对项目成果进行拷贝，并将拷贝和全部文档材料复印件交由软件资产经理统一保管。

第十四条 员工安装、使用包括OA平台、内网实时在线通信工具等在内的企业信息化成果，需要在软件资产经理及IT部门的统一指导下进行。

第十五条 员工离职需退还领用的软件载体、许可证、信息化成果和文档材料等，并办理软件资产的交接手续。

5. 相关责任

第十六条 员工在公司范围内安装、使用未经许可的非法软件，造成知识产权侵权的，由员工承担责任。

第十七条 员工领用软件载体、许可证、信息化成果和文档材料，负有保管义务，应爱惜使用，避免丢失、毁损。发生软件资产丢失、毁损情况，领用人应及时报告软件资产经理，并提供所在部门领导签批的说明材料。

由于人为原因导致软件资产丢失、毁损的，且情节严重者要求相关责任人承担相应赔偿责任。

第十八条　对于已离职人员未退还软件资产的情况，其所在工作部门协助软件资产经理催促其退还。离职员工不按时退还软件资产的，须追究相关人员责任，并赔偿资产损失。

第十九条　对于员工未经审批程序擅自处置软件资产，并对企业利益构成损害的，相关责任人承担相应赔偿责任。

6. 附则

第二十条　本办法自发布之日起实施。
第二十一条　本办法条款解释权归总经理办公会（或相关部门）。

六、《企业软件资产经理岗位职责》

1. 软件资产经理的定义

一个成熟、完整的企业软件资产管理团队，应由三部分人员组成：
项目管理人员（管理与协调）——管理组；
IT部门参与人员（执行与技术支持）——操作组；
财务部门参与人员（预算及采购流程的控制、实施）——财务组。

软件资产经理是企业内部软件资产管理项目的责任人，可由企业首席信息官（CIO）担任，也可由IT部门总监兼任，负责对接管理组、操作组和财务组的工作。

2. 软件资产经理的职责

软件资产经理是软件资产的管理者，是企业软件资产管理工作的执行者，其主要职责体现在软件资产管理的全流程之中，除宏观掌握企业软件资产现状，还应当对软件未来的管理、配置、采购等环节有全面、详细的规划。

1）软件资产的定期核查与统计评估

企业进行软件资产管理清查工作，软件资产经理应起到良好的协调、组织、沟通作用，带领团队各司其职，准确高效地完成任务。清查后得到的数据，软件资产经理应进行科学、合理的分析，并形成核查报告，列举、对比企业软件资产在规定周期内的运转和实际使用情况。

软件资产经理与IT部门会同财务部门实行年度对账制度，确保财务记录与所购软件实现账物相符。软件资产经理每年对软件资产盘点核查，确保软件的实际部署、库存情况与流转记录相互匹配，并将软件资产评估的数据列入当年企业管理报告报总经理办公会（或相关部门）。

2）软件资产的维护与保管

（1）软件资产安装与使用。

员工填写"软件资产使用申请单"报软件资产经理处；软件资产经理会同IT部门进行审核；审核通过，按照有关程序申请配置，并由IT部门协助安装。安装过程中涉及输入许可证信息的，软件资产经理指定专人或亲自执行，安装完毕后收回协议及载体并归档保管。

对工作有利的其他软件产品，外部"自由软件""免费软件"和"共享软件"的下载、安装、使用，须经软件资产经理同意；员工间使用存储设备传播、安装、使用其他软件产品，也须经软件资产经理及IT部门核准。

（2）软件资产的修复、升级、卸载。

软件资产经理负责对软件进行必要的修复、升级、卸载工作。普通的软件升级，可由使用者自行完成。修复操作，须由IT部门员工报软件资产经理后执行。卸载软件，使用者应提出申请，软件资产经理会同IT部门给出处置意见，按审批权限依次报送总经理办公会、相关主管领导审批后执行。卸载完毕，软件资产经理回收许可证并作归档记录。使用者无权或无法完成修复、升级、卸载任务时，软件资产经理提供协助或亲自办理。

（3）软件资产的载体保管。

软件资产入库前，软件资产经理对原始产品进行验收，并对每一个软件编码、入库，实施"一码一袋"的档案袋管理，进行加密专柜存放。软件资产经理应随时掌握每一个软件的库存情况、当前所在位置、领用人、领用期限等信息。

软件资产在领用期内若发生载体丢失、毁损、盗用等情况，软件资产经理可追责其所在部门及领用人；软件载体在入库保管期间，若发生丢失、毁损、盗用等情况，软件资产经理应承担全部责任。

企业享有知识产权的信息化成果，应由软件资产经理统一进行备份，并妥善保管其各种存储形式的拷贝。

未经软件资产经理和总经理办公会批准，企业软件载体严禁用于任何形式的私人用途。

（4）软件资产的许可证保管。

软件资产入库后，软件资产经理应立即对许可证进行存档；当许可证不可量化、形象化管理时，软件资产经理也应采取有效措施，妥善保管许可信息，以防遭盗用、过量使用。

软件资产经理应随时掌握每一个软件许可证的库存情况、当前所属主机、使用人、使用期限等信息。

软件许可证的保管，应进行保密管理，使用者也须尽到对授权许可信息保密的义务。若发生许可证无效、提前失效、丢失等情况，软件资产经理和使用者共同承担责任。

（5）软件资产的交接。

企业软件资产使用者调离时，应办理软件资产交接手续，软件资产经理负责检查离职员工是否有未退还的软件载体、许可证、安装说明、信息化成果和文档等软件资产。离职员工不按时退还软件资产或发生软件载体及许可证丢失、毁损等情况，须追究相关人员责任，并赔偿资产损失。

软件资产经理本人调离时，应提前选好交接对象，作好交接准备。交接涉及企业的"软件资产管理记录表"、软件资产评估分析报告、所有软件档案袋、与各部门以及个人签订的表单等，这些应做好妥善处理。新任软件资产经理正式到任后，须对有关数据资料进行导出、重新加密等工作，以保障信息安全。

3. 软件资产的采购与配置

IT部门负责软件资产的采购、配置工作，软件资产经理具有对软件资产采购合理性进行评估和进行监督的义务。

1）软件资产的预配置

每个预算年度结束之前，各工作部门根据本部门人员变化和业务发展规模情况提出下一年度的软件资产使用计划。需要增加配置的，填写"软件资产使用申请单"，经部门负责人签字后，由软件资产经理及IT部门负责统计评估。

软件资产经理及IT部门依据各工作部门提交的"软件资产使用申请单"和软件资产使用计划，结合相关软件在使用中的实际状况，各部门的软件配备标准、现有软件授权期限以及同类软件库存情况，对其合理性进行评估，并确定合理采购需求。

2）软件资产的采购计划

软件资产经理及IT部门在确定各工作部门提交的合理采购需求后，应加入本公司整体软件更新、升级所需购买的软件产品和许可证等内容，提出本公司年度采购计划。根据该计划，软件资产经理及IT部门进行市场询价，并制定下一年度软件资产采购预算，交财务部门审核，经总经理办公会讨论，报相关主管领导审批后，列入公司年度预算。

未纳入公司常规采购计划，即年度统一购置计划，需要临时追加采购软件资产的，应由部门员工填写"软件资产使用申请单"，经部门负责人签字后，报至软件资产经理及IT部门统计评估。认定购买事项合理、同类软件无库存，且未纳入常规采购计划的，可以制定采购建议。在确定软件资产供应商和购买价格后，软件资产经理及IT部门共同提出购买申请和预算说明，报财务部门和总经理办公会审核，相关主管领导审批，由财务部门拨付IT部门相关款项用于购置。

3）软件资产的验收

软件资产经理及IT部门依据采购计划以及采购预算与收到的软件载体、许可证等进行核对和验收，核对无误的，由软件资产经理将有关事项和信息记入"软件资产管理记录表"或数据库，并由IT部门编制"软件产品入库单"。

"软件产品入库单"一式三份，软件资产经理、IT部门、财务部门各持一份。企业购买的软件产品经验收、入库后，成为企业的软件资产，软件资产经理可根据各部门的使用需求进行配置，员工按照有关规定领用、使用、归还软件资产。

4. 附则

（1）软件资产经理是企业软件资产管理制度的主要起草人，有权征集、汇总并向总经理办公会提出对各项规范的修改建议。

（2）软件资产经理有资格参与企业软件投资规划（采购）相关的议程。

（3）软件资产经理有权限直接同各分支机构进行沟通、协商，以及签订软件使用合同。

（4）软件资产经理有权协调IT、财务部门的有关工作人员。

（5）软件资产经理有权就软件资产管理工作相关问题向公司领导层进行汇报。

第五章　使用非授权软件的法律风险

世界上第一台计算机产生于20世纪40年代，60年代由联邦德国首先提出计算机软件保护的建议，70年代世界知识产权组织出台了《保护计算机软件示范法条》，80年代开始，美国、匈牙利、印度等国家，先后把计算机软件列入版权法保护的客体。软件主要靠版权保护以防止未经授权复制和使用，版权是软件公司的核心财富。

我国的版权法（《中华人民共和国著作权法》）于1991年6月1日正式开始施行。虽然我国对软件著作权保护起步比较晚，但力度大、效果好。2000年6月，国务院印发《关于鼓励软件产业和集成电路产业发展若干政策的通知》，明确规定任何单位不得使用未经授权的计算机软件。从这年开始，国家和各级政府每年都要下发相关的文件，一些政府还成立了专门的议事机构，推进党政机关和企业单位的软件正版化工作，已经取得了明显成效。

一、计算机软件保护法律法规

1. 保护计算机软件的主要法律法规

（1）《中华人民共和国著作权法》。该法于1990年9月7日由全国人民代表大会通过，1991年6月1日正式颁布施行，2001年10月和2010年2月先后两次修订。这是我国唯一一部保护版权并与国际接轨的法律，具有很高的权威性。

（2）《计算机软件保护条例》。该条例于2001年12月20日以中华人民共和国国务院令第339号颁布，2011年1月、2013年1月先后两次修订。这是我国保护计算机软件的一部专业条例，对保护软件著作权发挥了重要作用。

（3）《信息网络传播权保护条例》。该条例于2006年5月18日以中华人民共和国国务院令第468号公布，2013年1月第一次修订，新修订的条例于2013年3月1日开始施行。

（4）最高人民法院《关于审理著作权民事纠纷案件适用法律若干问题的解释》。该解释是2002年10月印发的，目前执行的是2014年8月2日印发的版本，共32条。

（5）最高人民法院、最高人民检察院《关于办理侵犯知识产权刑事案件具体应用法律若干问题的解释》。这个解释于2004年12月22日开始施行，共有17条。

（6）《中华人民共和国刑法》。该刑法第217条涉及"侵犯著作权罪"，具体规定了侵犯软件著作权犯罪的量刑标准。

（7）《保护文学和艺术作品伯尔尼公约》（简称《伯尔尼公约》）。该公约于1886年9月在瑞士伯尔尼制定，1971年7月修订，是世界上最早的国际版权法律，其中涉及软件版权保护条款。我国于1992年10月15日加入《伯尔尼公约》，有责任保护进口软件版权。

（8）《与贸易有关的知识产权协定》（TRIPs协定）。该协定于1993年12月15日通过，1995年生效，协定涉及软件版权问题。我国于2001年加入该协定。

（9）《世界知识产权组织版权条约》（WCT）。该条约于1996年12月通过，有涉及软件版权保护的条款。

以上是9部保护软件著作权的法律法规，前6部是国内法律法规，后3部是国际法规。凡是加入国际公约和协定的国家的软件版权受我国法律的保护。我国除了上述法律法规外，国家和省市政府制定了若干有关保护软件版权的规章、规定、办法、意见等，对依法保护软件著作权发挥了作用。

《中华人民共和国刑法》第217条涉及"侵犯著作权罪"，具体规定了侵犯软件著作权犯罪的量刑标准。

2. 保护软件著作权的法律法规条文

（1）《中华人民共和国著作权法》第3条规定："本法所称的作品，包括下列形式创作的文学、艺术和自然科学、社会科学、工程技术等作品：……（八）计算机软件。"这条明确规定软件是著作权法保护的对象。

（2）《中华人民共和国著作权法》第48条第1款规定，"未经著作权人许可，复制、发行、表演、放映、广播、汇编、通过信息网络向公众传播其作品的"，构成侵权。这条明确规定未经授权允许复制软件属于侵权行为。

（3）《中华人民共和国著作权法》第53条规定："复制品的出版者、制作者

不能证明其出版、制作有合法授权的，复制品的发行者或者电影作品或者以类似摄制电影的方法创作的作品、计算机软件、录音录像制品的复制品的出租者不能证明其发行、出租的复制品有合法来源的，应当承担法律责任。"这条规定明确了软件复制品举证不能则被认定为侵权行为。

（4）《计算机软件保护条例》第24条规定，未经著作权人许可，"复制或者部分复制著作权人的软件的"，构成侵权。

（5）最高人民法院《关于审理著作权民事纠纷案件适用法律若干问题的解释》第21条规定："计算机软件用户未经许可或者超过许可范围商业使用计算机软件的，依据《中华人民共和国著作权法》第48条第（一）项、《计算机软件保护条例》第24条第（一）项的规定，承担民事责任。"这条规定在中国软件保护立法中具有重要的地位，这是因为该条规定明确了两点：第一，法律追究侵犯计算机软件著作权的重点，是对盗版软件进行商业使用的行为，即企业使用盗版软件的行为是重点打击的对象；第二，无论是否将盗版软件固定存储在硬盘上，只要有"使用"盗版软件的行为，都属于侵权。根据这条规定，商业使用盗版软件的最终用户与盗版软件生产者、销售者一样承担侵权责任，不再有理论上的争议。

（6）《中华人民共和国刑法》第217条规定："以营利为目的，未经著作权人许可，复制发行计算机软件的，违法所得数额较大或者有其他严重情节的，处3年以下有期徒刑或者拘役，并处或者单处罚金；违法所得数额巨大或者有其他特别严重情节的，处3年以上7年以下有期徒刑，并处罚金。"

3. 法律保护计算机软件的哪些权利和内容

1）保护权利

根据《计算机软件保护条例》的规定，软件权利人享有下列权利：

（1）使用权，即在不损害社会公共利益的前提下，有以复制、展示、修改、发行、翻译、注释等方式使用软件的权利。

（2）使用许可权和获得报酬权，即许可他人以上述方式使用软件的权利和由此获得报酬的权利。

（3）转让权，即以合同协议方式，向他人转让软件的使用权和使用许可的权利。

上述这些权利受法律保护，侵犯了这些权利必将承担法律责任。

2）保护内容

依法保护的计算机软件必须是由开发者独立开发，并已固定在某种有形物体上的软件，包括软件程序和文档。这个命题主要明确了三点：

（1）只有独立开发的，并已固定在有形物体上的软件，才受法律保护。

（2）法律保护计算机软件的程序和文档，这是保护的核心内容。

（3）对开发所用的思想理念、处理过程、操作方法和数据概念不受法律保护，或者说保护软件版权不延及这些内容。

以上三点很重要，版权执法工作人员尤其要了解和掌握。

4．软件在何种情形下属于合理使用

根据《计算机软件保护条例》的规定，以下情形属于合理使用，也是对软件著作权权利的限制。

（1）根据使用的需要，把该软件装入计算机等具有信息处理能力的装置内（安装）。

（2）为了防止复制品损坏而制作的备份复制品（备份），但不得提供给他人使用，待该软件授权使用期满后自行销毁。

（3）为了把该软件用于实际的计算机应用环境或者改进其功能、性能而进行必要的修改，但不得向第三方提供使用修改后的软件。

（4）为了学习和研究软件内容的思想和原理，通过安装、显示、传输或者存储软件等方式使用软件（学习），可以不经软件著作权人许可，也不需向其支付报酬。

（5）"三步检验标准"。三步检验标准主要是指在衡量著作权限制范围内应考虑某些特殊情形、不得与作品的正常使用相冲突、不得损害权利人持有的合法权益，这三个条件必须同时满足才被视为合理使用。三步检验法来源于《伯尔尼公约》第9条第2款，在版权权利限制方面享有类似"圣经"般的地位，目前已成为各国版权权利限制的普遍原则，但在实践运用中比较难把握。

二、使用盗版软件的表现形式及须承担的法律责任

1. 企业使用盗版软件的具体表现形式

企业使用盗版软件的表现形式是多种多样的，常见的有以下几种：

（1）未经授权将软件程序拷贝至企业的计算机上使用。

（2）将某些软件程序放到其服务器上，让超过许可数量的计算机用户使用。

（3）即使软件程序是合法获得的（有正当许可），但超过授权使用范围，额外复制和使用或允许他人使用。

（4）采购的是一种软件，而安装使用的是另一种软件（顶替使用）。

（5）购置计算机硬件预装盗版软件（不全是企业的责任）。

2. 使用盗版软件应负的责任

使用盗版软件构成侵权行为的，通常要承担四个方面的法律责任。

（1）民事责任，由知识产权法院或人民法院知识产权审判庭判处侵权人停止侵权、赔礼道歉、赔偿经济损失。

（2）民事诉讼措施，即诉前禁止令、证据保全、财产保权、法定赔偿（无法确定侵权数额的最高赔偿50万元）、承担律师费用。

（3）行政责任，即停止侵权，没收非法所得，没收、销毁侵权复制品，罚款（软件市场价格的1~5倍）。

（4）刑事责任，即处罚金、拘役、判处有期徒刑（最高7年）。

三、关于软件著作权行政执法问题

依法依规打击侵犯软件著作权行为，主要有三种途径和执法方式，即民事判决、行政执法和刑事处理。常见的是前面两种，即民事判决和行政执法。这两种执法途径既有共同点，又有不同点。共同点是一旦进入执法程序就必须立即停止侵权，不同点是民事途径可以判赔经济损失，权利人可以得到经济赔偿，而行政执法则不能，行政执法罚没的款项直接上交国库，权利人得不到。另外，行政执法时间短，效率高，没成本；而民事途径时间相对长，有成本。两种维权方式，权利人可自行选择。

1. 软件著作权行政执法的程序

软件著作权行政执法与其他版权行政执法的程序基本相同，即受理投诉、审查立案、调查取证、鉴定权属、实施处罚等程序。但与其他版权执法相比较，软件著作权执法有三个环节比较难：一是受理难（初步证据获取难）；二是取证难（执法人员进入现场难，固定证据难）；三是处罚难（专业软件价格昂贵，通用软件数量大，罚款数额难确定）。

2. 实施行政处罚的标准（自由裁量标准）

关于侵犯软件著作权的处罚标准问题，著作权法、计算机软件保护条例等有关法规提出了明确要求，国家版权局印发的《著作权行政处罚实施办法》作了具体规定。各级版权行政管理部门可根据上位法规要求，制定自由裁量标准。如广州市文化市场综合行政执法总队根据上位法规的原则，结合广州实际，制定了《广州市文化市场综合行政执法总队行政处罚自由裁量实施标准》，经广州市政府法制办审理批准后施行。在这个实施标准中，按照1~5倍的限度，对侵犯软件著作权行为的情节进行了分解，根据情节细化了处罚数额标准。前两年，广州市文化市场综合行政执法总队根据当前的实际，参照友邻省市的做法，对软件著作权自由裁量标准做了适当调整。行政处罚不是目的，目的是要通过行政执法，推促企业增强正版意识，自觉采购使用正版软件，逐步实现软件正版化。

什么是"自由裁量标准"？

"自由裁量标准"是指根据国家制定的法规的要求，地方各级行政管理部门可以根据当地的具体情况制定自己的实施标准。为什么软件著作权行政执法要采用自由裁量标准？这是因为与其他版权案件相比较，软件著作权比较特殊，执法难度较大，难以制定统一的行政处罚标准，搞"一刀切"，所以只能根据各地的实际情况，制定和实施自由裁量标准。

软件著作权执行有三难：受理难，取证难，处罚难。所以需要制定和实施自由裁量标准。

四、如何规避使用非正版化软件的法律风险

1. 有计划地逐步实现软件正版化

购买软件尤其是专业软件成本高,在实体经济不太景气的环境下,对企业是一种压力。在这种情况下,企业可以采取有计划、分批次采购软件的办法,每年购买1/3或1/4数量的正版软件,分3年或4年逐步实现正版化。这样把采购软件的成本分散到若干年度,作为企业成本纳入年度预算,并逐步形成工作制度和长效机制,既减轻了企业的经济压力,又规避了各种可能的法律风险。

2. 企业与软件商建立工作关系

企业与软件商建立工作和合作关系,经常联系沟通,相互理解、支持和帮助。企业购买软件,软件商给予价格优惠,搞好售后服务。平时有了联系,不至于把事情闹到法庭上。

3. 选择第三方进行调解

当企业得知侵权后,要及时与软件商协商解决的办法和途径,协商达不成共识时,应该通过第三方进行调解。第三方主要是指:版权行政管理部门、人民调解机构、版权协会、具有版权权威的自然人等。若调解成功,签订调解或和解协议;若调解失败,通过法律途径解决。

第六章　软件侵权典型案例分析

随着软件应用范围的不断扩大，软件的侵权行为也日益增多。由于软件的创作和使用方式，均与传统的文学艺术作品，如文字作品、音乐作品、美术作品、摄影作品等，有着较大的差异，因此，软件的知识产权保护被列为著作权保护中的一个特殊情形，其证据的保全方式、侵权行为的认定及赔偿额的确定也异于传统的著作权案件。

一、软件侵权案件的分类及特点

1. 软件侵权案件的分类

软件是指计算机系统中的程序及其文档，程序是计算任务的处理对象和处理规则的描述，文档是为了便于了解程序所需的阐明性资料。如本书第二章所述，软件总体分为系统软件、支撑软件和应用软件三大类。系统软件是各类操作系统，如Windows、Linux、Unix等；支撑软件是各类软件的开发环境和工具；应用软件的种类就更多了，如工具软件、游戏软件、管理软件等。

纵观近年来的软件侵权案件，根据软件的特征及软件案件的不同发展阶段，可以将软件案件分为传统的软件侵权案件与新类型的软件侵权案件；根据运用与使用软件的目的不同，可以将软件案件分为软件开发者侵权案件与商业性使用软件的终端用户侵权案件；根据软件的安装载体不同，可以将软件案件分为终端软件侵权案件及服务器端软件侵权案件。

2. 软件侵权案件的特点

1）软件开发者侵权案件与商业性使用软件的终端用户侵权案件

软件开发者侵权的，侵权人通常以自己的名义开发软件，但在自己开发的软件中，会部分或者全部抄袭权利人的软件。这种侵权行为有三个特点：其一，侵权人会将他人软件源程序的个别部分略做变动，改头换面，但软件的主要内容及表达方式都是抄袭权利人的；其二，为了掩饰侵权行为，被控侵权的软件和权利人的软件名称一般都不相同；其三，侵权人抄袭他人软件后，会署上自己的名字发表或者出售该软件。

商业性使用软件的终端用户侵权，通常是在终端用户的个人电脑或移动终端上复制、安装、使用权利人的软件。这种侵权行为有以下几个特点：其一，完全复制权利人的软件，包括软件的名称在内，不做任何变动；其二，终端用户复制安装的是权利人商业出售、公开发表的软件，终端用户复制安装时不会对软件的署名做变更；其三，终端用户卸载一套软件的时间只需几分钟甚至几秒钟，执法检查或证据保全往往一无所获，重复侵权便利；其四，终端用户侵权的隐蔽性更强，终端用户非法使用他人软件都是秘密进行的，行为大多发生在侵权人的办公场所，权利人无法进入，发现侵权事实和取证较为困难。

2）终端软件侵权案件与服务器端软件侵权案件

　　终端软件侵权案件通常归属于传统的计算机软件侵权案件，此类案件通常采用的取证方式是法院证据保全，即法院根据权利人的申请到侵权方办公场所扣查取证。

　　服务器端软件侵权案件是近两年出现的新型案件，由于此类软件是安装在服务器端的，而服务器的存放有严格的要求，例如不间断通电、温度恒定、保持空气流动等，因此，服务器往往不直接存放于所有者/管理者处；同时，在我国，服务器的存放地址无法通过公开途径进行查询，唯一能够查询服务器地址的途径是通过刑事立案由刑事侦查部门进行查询；另外，即便通过刑事立案途径知悉服务器的存放地址，对于服务器的所有人/管理人而言修改服务器日志或删除服务器系统信息是轻而易举的事情。鉴于上述因素，此类案件无法通过法院证据保全取得相应的证据。近年来，出现了一种新型的公证取证方式即通过Telnet命令远程探测目标服务器的相应端口，并将操作过程和反馈信息进行公证。

二、软件侵权案件分析

1. 软件开发者侵权案

1）涉案企业

　　杭州威威网络科技有限公司与深圳市桥恩科技有限公司（化名）、浙江某网络有限公司。

2）案情简介

　　杭州威威网络科技有限公司（以下简称"威威公司"）是"威威P2P云接入库软件V1.0"的著作权人，于2013年8月28日取得中华人民共和国国家版权局出具的证书号为软著登字第0597117号计算机软件著作权登记证书。2013年9月4日，威威公司的委托代理人向浙江省杭州市东方公证处申请办理保全证据公证，即代理人在公证人员的监督下，在公证处的电脑上登录深圳市桥恩科技有限公司（以下简称"桥恩公司"）经营的淘宝店铺购买了一款"硬盘录像机"。同年9月6日，公证人员在该公证处收到网购商品，并于当日监督代理人对网购商品进行拆封；对封存的物品交由代理人保管。同年9月6日，该公证处为此次公证出具〔2013〕浙杭东证字第18691号公证书。庭审中，桥恩公司确认该公证购买的实物由其销售；威威公司向法院申请对此硬盘录像机及光盘中储存的软件是否侵害其主张享有的计算机软件著作权进行鉴定。随即，法院委托浙江省科技咨询中心进行了鉴定。2015年7月8日，该中心出具浙科咨中心〔2015〕鉴字第8号司法鉴定报告显示：根据分析，专家组认为，桥恩公司的相关软件与威威公司提供的P2P云接入库软件实质相同。桥恩公司对鉴定报告提出异议，对此，法院认为，鉴定机构采用何种鉴定方法进行鉴定由其根据案情确定，本次鉴定的程序、过程、方法合法，法院对鉴定结论予以采信。最终法院认为，桥恩公司对其主张的被诉侵权产品的合法来源未能够提交相应证据，现有证据表明其以"桥恩"品牌对外销售的产品为涉案产品，故应认定桥恩公司复制并发行了与威威公司享有的软件著作权实质相同的软件，并对外销售储存了该软件的产品，侵犯了威威公司的复制权、发行权，应承担停止侵权、赔偿损失的民事责任。据此，法院作出桥恩公司立即停止生产、销售储存有侵害威威P2P云接入库软件V1.0计算机软件著作权的硬盘录像机，删除侵权软件，并赔偿损失的判决。

3）案例评析

本案是软件开发者侵权案，此类案件通常采用的证据保全形式是公证购买涉嫌侵权的软件。法院在判定侵权的时候一般采取传统著作权的侵权判定标准，即"接触+实质性相似"。而判定两款软件是否相同、相似的唯一标准是软件的源代码或目标代码相同、相似。源代码也被称为源程序，是程序员为完成特定目的，通过编辑器创建，并在多数情况下保存为文本文件的语言指令。其最大特点是可以为人类所读懂，其目的是最终被翻译为目标代码，供计算机识别、运行。编译器或汇编器处理源代码后所生成的代码就是目标代码，它一般由机器代码或接近于机器语言的代码组成。在司法实践中，权利人起诉侵权人抄袭自己软件的，能够取得的指控侵权人侵权的证据往往是被控侵权软件的目标程序，因此首先能够进行对比的是二者目标程序的同一性。在目标程序相同的情况下，还需进

一步判断与目标程序相对应的两个软件的源程序是否同一。如果两个软件的源程序实质相似，则可判定两个软件相似，被控侵权行为成立。因此，这类案件通常需要向法院申请对两款软件的源代码、目标代码是否相同、相似进行鉴定。鉴定的结论往往会直接影响法院的判决。本案中，关于赔偿额的确定，威威公司主张按桥恩公司的获利赔偿其损失。由于硬盘录像机与该产品中储存的软件是作为一件产品整体出售，难以单独计算软件的价值，在威威公司的损失和桥恩公司的获利均无法确定的情况下，法院最终根据行为人侵权行为的性质、主观过错程度、涉案软件的类型及其产品的价格、威威公司为制止侵权所产生的合理费用等因素按法定赔偿的方式确认了损失。

2. 计算机终端软件侵权案

1）涉案企业
微软公司、塞隆股份有限公司（化名）。

2）案情简介
　　微软公司是Microsoft Windows、Microsoft Office、Microsoft Windows Server系列计算机软件的著作权人，其发现塞隆股份有限公司未经授权许可，擅自在公司办公室的服务器和主要经营地的相关计算机上，非法复制、安装并商业性使用了微软公司依法享有著作权的上述微软视窗软件。微软公司认为塞隆股份有限公司未经许可擅自复制、安装并使用微软公司享有著作权的Microsoft Office系列计算机软件的行为，侵犯了微软公司依法享有的软件著作权，应当承担侵权行为的民事责任，遂向法院提起诉讼。案件处理过程中，微软公司提出诉讼证据保全申请，法院经审查后，依法予以准许，并裁定进行证据保全。证据保全过程中，法院依法对塞隆股份有限公司的软件使用情况进行了调查，并依法扣押了塞隆股份有限公司两台台式电脑。对法院进行的证据保全，微软公司认为，保全过程中塞隆股份有限公司没有配合法院的保全工作，依法应当承担不利后果，请求法院根据保全情况和排查情况，酌定赔偿金额。塞隆股份有限公司确认其雇员约300人（其中管理人员270左右），平均每人一台电脑，大部分为笔记本电脑。塞隆股份有限公司确认法院依法扣押的两台电脑安装的Office软件系非经合法授权的软件，但并未确认安装的Office软件的具体名称和版本。微软公司也未主张对该两台计算机内安装的软件版本进行开机查验。因此，法院认为，塞隆股份有限公司至少安装了2套未经授权的Office办公软件，同时确认塞隆股份有限公司存在"未经许可或者超过许可范围商业使用计算机软件"的情形，依法应当承担民事责任。本案中，微软公司主张按照300台电脑的数量，乘以相关软件销售单价计算其实际损失。但法院认为，在侵权数量和产品单价均无法确定的情况下，本案适用《著作权法》第49条第二款规定的法定赔偿条件。最终，法院判定塞隆股份有限公司构成侵权并综合考虑塞隆股份有限公司的经营规模、经营时间、侵权软件数量、侵权主观恶意（包括在证据保全过程中的配合程度）、软件参考价格以及微软公司本案中所支出的合理开支，确定塞隆股份有限公司的赔偿数额为人民币15万元（包括微软公司为制止侵权所支出的合理费用）。

3）案例评析

　　微软公司在中国的维权策略是重点打击大型企业和计算机销售商，本案中塞隆股份有限公司就是一家上市公司。盗版软件安装于该公司的计算机上，微软公司无法直接取得证明该公司使用盗版软件的证据，只能借助于当地法院到该公司去保全证据，但是否需要保全证据，法院有决定权。我国法律规定的知识产权案件的证据保全条件：有初步证据证明侵权事实的存在、保全的证据与案件具有关联性、客观上权利人无法取得。在本案中，法院批准了其保全申请。塞隆股份有限公司安装的Microsoft Office办公软件并非正版，即未经合法授权。法院在判定塞隆股份有限公司是否构成侵权时并未进行软件源代码的比对，而是根据塞隆股份有限公司的自认，确认塞隆股份有限公司使用的软件未经合法授权。事实上，此类案件，即便侵权人无自认行为，法院一般也会认定使用的软件未经合法授权而判定构成侵权。

本案属于终端用户商业性使用软件侵权案件，司法实践中，对此类案件侵权判断的标准是终端用户是否在自己的个人电脑上复制安装了权利人的软件。一般情况下，权利人只要证明侵权人在自己的个人电脑上安装了权利人的软件，即完成了举证责任，而无需进一步对终端用户使用的软件的目标程序和源程序与权利人软件的目标程序和源程序是否实质近似进行举证。因为终端用户在复制权利人的软件时，对软件的名称、署名均不做变更，终端用户使用的软件从名称、界面到署名都与权利人的软件相同，二者属同一软件具有高度盖然性。

此外，本案赔偿额的确定，依旧适用的是法定赔偿，即法院依据塞隆股份有限公司的经营规模、经营时间、侵权软件数量、侵权主观恶意（包括在证据保全过程中的配合程度）、软件参考价格以及微软公司为本案所支出的合理开支确定了本案的赔偿额。

3. 服务器端软件侵权案

1）涉案公司

奥托恩姆科技有限公司，广州开利达电子有限公司（化名）。

2）案情简介

奥托恩姆科技有限公司是一家注册于美国德克萨斯州的全球知名软件企业，是MDaemon系列邮件服务器软件的著作权人。其开发的MDaemon系列邮件服务器软件，能提供完整的邮件服务器功能，保护用户不受垃圾邮件的干扰。该软件因其安全可靠、操作方便、简单易懂等优势，成为世界上成千上万家公司广泛使用的邮件服务器软件。在日常监测中，奥托恩姆科技有限公司发现广州开利达电子有限公司（以下称"开利达公司"）使用了一款MDaemon软件，经核查，奥托恩姆科技有限公司销售系统中未发现开利达公司的购买记录。为维护其合法权益，奥托恩姆科技有限公司委托代理人向公证处申请了保全证据。根据公证书的记载，奥托恩姆科技有限公司委托的代理人在公证人员的见证下，使用公证处的计算机通过公证处网络连接互联网进入Windows XP操作系统，进行保全操作。操作第一步确认了开利达公司的网址信息（www.kailitech.com）；第二步浏览了开利达公司的网页；第三步点击屏幕下方中"开始"按钮后，在"运行（r）"程序中输入"cmd"命令，屏幕显示"cmd.exe"程序窗口，在该窗口分别输入"nslookup""settype=mx""kailitech.com"命令，屏幕显示上述命令检测结果的窗口界面，在电脑桌面，在"运行（r）"程序中分别输入"telnetmail.kailitech.

com25"命令、"telnetmail.kailitech.com110"命令，屏幕显示该命令检测结果分别有"MDaemon12.5.6"信息；第四步在电脑桌面打开"Internet Explorer"浏览器，在地址栏输入"http://mail.kailitech.com:1000"网址后，回车，屏幕显示出MDaemon软件特有的登录页面。庭审时，开利达公司提交了其网站系由三五广州公司建设的相关证据。法院在判决中认定：奥托恩姆公司通过检索计算机软件的方式在开利达公司的官方网站中检索到MDaemon12.5.6版本邮件服务器软件，而开利达公司无法提供其官方网站中安装使用MDaemon12.5.6版本邮件服务器软件是经权利人合法授权。尽管开利达公司提交其网站系由三五广州公司建设的相关证据，但开利达公司亦未提交证据证明三五广州公司获得著作权人的许可使用。因此，开利达公司未经许可使用并未支付相关费用的行为构成对奥托恩姆公司依法享有的MDaemon12.5.6版本邮件服务器软件著作权的侵犯，依法应当承担相应的法律责任。关于侵权赔偿数额问题，法院认为未经许可使用软件复制品给计算机软件著作权人造成的损失赔偿数额应当与正常许可使用、销售该软件同期市场价格相当。就本案而言，奥托恩姆公司未提交涉案MDaemon12.5.6版本邮件服务器软件的市场价格，仅提供一份MDaemonpro版本邮件服务器软件销售合同证明其销售价格损失。法院认为不同版本软件的销售价格可能不同，且软件产品的价格可能因不同的市场策略或客户群体而不同，故奥托恩姆公司提供MDaemonpro版本邮件服务器软件销售合同不足以证明涉案软件的实际市场价格，因而不足以证明其实际损失。奥托恩姆公司亦无证据证明开利达公司侵权获利数额。因此，法院最终参考双方所举有关证据，并综合考虑商业软件销售的一般规律、开利达公司的主观故意状态、实施侵权行为的方式及后果等因素适用了法定赔偿。

3）案例评析

（1）本案的典型意义。

由于企业服务器的具体地址无法通过公开途径查询，要对安装在服务器上涉嫌侵权的计算机软件进行证据保全存在现实的困难。该案件创造性地采用了计算机领域常用的Telnet命令作为侵权行为的取证方式，通过远程访问的方式，利用服务器对客户端访问的自动反馈信息，确定使用涉案软件行为的存在。该案件也入围知识产权新型案例，在知识产权法院、律师界受到普遍关注，引起了学术界的讨论。

（2）Telnet检测命令的反馈信息具有确定性。

Telnet协议是Internet远程登录服务的标准协议和主要方式。它为用户提供

了在本地计算机上完成远程主机工作的能力。在终端使用者的电脑上使用Telnet程序连接到服务器，终端使用者可以在Telnet程序中输入命令，这些命令会在服务器上运行，其结果就如直接在服务器控制台上输入命令一样。Telnet应用也遵循客户/服务器模型，目前通常的Windows操作系统自带Telnet命令，可以不用专门安装客户端。如果把IP地址比作一间房子，端口就是进出这间房子的门，真正的房子只有几个门，但是一个IP地址的端口可以有65 536个，端口号用整数表示。在端口的使用中，有一些众所周知的端口（WellKnownPorts）是分配给特定服务的，所有的应用都会遵循，比如：www服务的80端口，Ftp服务的21端口，邮件传输服务的25、110端口。这样，通过不同端口，计算机就可以与外界进行互不干扰的通信。应用Telnet服务主要是指以命令行方式从客户端登录到服务器，上述案件都是在客户端输入"Telnet主机名（或IP地址）端口号"的命令在远程服务器上运行，服务器把运行结果返回到客户端说明Telnet登录成功，如同直接在服务器控制台上进行登录操作，即在客户端操作和控制远程服务器。"Telnet主机名（或IP地址）端口号"命令的基本含义是查看并连接远程目标服务器的该端口，如果目标服务器端口有服务，服务器就会将该端口是哪个软件提供服务反馈至客户端。使用Telnet探视目标服务的相应端口，仅是使用Telnet的探视功能对相应的端口探视，其对服务器不会产生任何不利影响。通过Telnet命令探测目标服务器的相应端口，是无图形界面命令行应用程序交互过程中的常用方法。为了给发出连接请求的客户端回应相关的信息，反馈结果一般会出现该端口运行软件的名称、版本号等信息，这些信息只起到告知的作用，并不能让用户不经验证直接登录系统。在上述系列案中提交的侵权证据显示，其通过Telnet程序连接目标服务器的25端口（25端口是标准的邮件传输协议的发信端口）或110端口（110端口是标准的邮件传输协议的收信端口），服务器反馈结果显示有MDaemon及相应版本号字样，表示服务器使用MDaemon软件提供邮件服务。因此，从技术上看，可以利用Telnet命令的探视功能，检测远程主机服务器25端口、110端口运行软件的信息，且采用这种远程登录命令程序进行取证的结果具有确定性。

（3）本案无需对源程序进行对比。

基于涉案软件在计算机行业的知名度，其他人开发出不同于涉案计算机软件的新的邮件服务器软件（含相同的登录界面），而又恰好独创性地使用了与涉案软件相同名字的可能性几乎为零，且该第三方的软件也不可能在登录界面的权利主张上宣传著作权归属于奥托恩姆公司。此系列案中，虽然很多侵权人主张其使用的是其他软件，但并未就此提出有证明力的证据，且本案虽属于服务器软件侵权案，但与计算机软件源程序的抄袭、复制侵权不同，无需进行源代码对比。根据优势证据规则，奥托恩姆公司所提供的证据足以证明侵权方使用了侵权软件。

（4）关于此类案件的举证责任。

奥托恩姆公司在案件中已完成举证义务，侵权人应就其主张提供相应证据。本案是著作权侵权领域的新型案例，由于诉讼前对侵权人的服务器进行证据保全存在实际的操作困难（无法确定服务器的所在地），奥托恩姆公司目前只能通过计算机技术检测这种方式进行公证证据保全。侵权人是被控网站的所有者，控制着被控网站服务器的后台登录程序，侵权人如要主张使用的是其他软件，完全可以提供服务器的邮箱收发记录来证实其主张，此时举证责任应发生转移。

三、行政执法典型案例

1）广州某运动按摩器材有限公司侵犯软件著作权案

2014年10月10日，上海某咨询有限公司投诉广州某运动按摩器材有限公司（以下简称"广州某公司"）侵犯软件著作权。广州市文化市场综合行政执法总队根据投诉人提供的线索，确定立案查处。总队执法人员依法对广州某公司进行现场调查取证，认定广州某公司侵权成立。经总队研究，根据有关法规和自由裁量标准，决定对广州某公司予以行政处罚，并向广州某公司下达了"行政处罚事先告知书"。

广州某公司收到广州市文化市场综合行政执法总队的处罚文书后，公司领导高度重视，积极组织进行自查整改，主动与上海某咨询有限公司进行协商，与该公司签订了"和解协议书"，并一次性采购了5套PRO/E软件，价值人民币70万元。

投诉人主动向广州市文化市场综合行政执法总队提出了书面申请，请求撤销对广州某公司的投诉。根据当事人双方的和解情况和行政处罚的有关规定，经广州市文化市场综合行政执法总队案审委员会研究，给予广州某公司罚款人民币27230.60元的行政处罚。这宗案件的处理合理合法，做到当事人双方和行政执法单位三方满意。

2）广州某通信科技有限公司侵犯软件著作权案

2016年1月20日，根据举报线索，广州市文化市场综合行政执法总队执法五处副处长带执法人员，到广州某通信科技有限公司现场进行检查，在该公司负责人的见证下，检查出2台计算机复制并安装了3DMAX2011、2015和2016版软件，并索取了序列号。该公司承认其员工复制安装了侵权软件。

广州市文化市场综合行政执法总队根据调查的证据分析认为，该公司员工使用盗版软件是以营利为目的，而且多次使用，构成了不正当竞争，属于损害公共利益的行为，侵犯软件著作权成立。总队案审委员会在讨论对该公司行政处罚问题时认为：①该公司通过正规渠道采购了45套正版软件，并获得正版升级包。②检查中发现2台计算机安装了盗版软件，但与其公司购买的45套正版软件相比，数量上属于极少数行为。③广州市文化市场综合行政执法总队在调查取证过程中，该公司工作人员积极配合执法调查，并及时停止了侵权行为，消除了影响。根据上述情况，依据有关法规和自由裁量标准，总队案审委员会认为，广州某通信科技有限公司广州文化市场行政执法违法情节轻微，决定给予该公司罚款3900元人民币的行政处罚。

3）两案案例分析

案例1和案例2均是普通的侵犯软件著作权案件，广州市文化市场综合行政执法总队坚持依法办案，从案件的受理、立案、现场取证到处罚结案，整个过程进展顺利。通过这两宗案件的办理，从中得到两点有益的启示：一是如何确认是否

损害公共利益。损害公共利益，是软件侵权案件行政立案的重要依据。从两案被投诉人的侵权案情分析，两案均满足了损害公共利益的三个充要条件：两案被投诉人均是商业使用非授权软件，都是以营利为目的；采取非正当手段免费使用权利人的软件，实质上构成了不正当竞争行为；反复多次使用非授权软件，主观故意侵权的行为明显。广州市文化市场综合行政执法总队经分析，认定两案均构成损害公共利益，决定依法立案查处。由于对案件的性质把握得比较准，因而办案的效率比较高，效果比较好。二是双方当事人达成和解，可酌情减轻处罚。软件著作权行政执法与其他版权执法相比，具有一定的特殊性，因此在自由裁量方面也应该具体情况具体分析，区别对待。两案被投诉人在执法过程中有三点积极正面的表现：自觉自查自纠，知错即改，主动采购正版软件；主动与投诉人协商，及时达成和解，并签订了"和解协议书"；积极配合行政执法部门和现场执法人员的工作，表示愿意接受教育和行政处罚。广州市文化市场综合行政执法总队根据投诉人提交的书面撤诉申请，酌情减轻了行政执法相对人的行政处罚额度。

附录一

正版软件管理工作指南

推进使用正版软件工作部际联席会议办公室

2016年7月11日

前　言

为推进各级政府机关和企事业单位落实软件正版化工作主体责任，加强正版软件管理，保障信息安全，提高使用效率，降低使用成本，推进软件正版化工作规范化标准化，制定《正版软件管理工作指南》（以下简称《指南》）。

《指南》主要包括责任制度、日常管理、软件配置、软件台账、安装维护等五项软件使用管理制度范本和台账范本，供各单位开展正版软件管理工作参考。各单位可根据本单位实际情况对《指南》相关内容进行修改完善，建立本单位正版软件管理办法。

《指南》主要内容如下：

一、软件正版化工作责任制度。明确软件正版化工作领导小组人员组成和工作职责，以及软件使用部门和工作人员职责。

二、软件日常使用管理规定。明确软件日常使用管理涉及的工作计划、预算编制、软件采购、软件维护、宣传培训、检查考核、总结报告等工作流程和要求。

三、软件配置管理规定。明确软件配置原则和配置流程。

四、软件台账管理规定。明确软件使用管理台账种类和管理方法。

五、软件安装维护管理规定。明确软件安装、卸载及升级维护流程。

《指南》由推进使用正版软件工作部际联席会议办公室负责解释。

软件正版化工作责任制度

为进一步加强软件正版化工作，明确软件正版化工作职责，落实软件正版化工作主体责任，推进责任落实到人，制定本制度。

一、软件正版化工作领导小组职责

软件正版化工作领导小组负责统筹协调推进软件正版化工作，研究制定软件正版化工作相关规定和措施。

（一）人员组成

（1）单位主要领导担任软件正版化工作领导小组组长。

（2）单位分管领导担任软件正版化工作领导小组副组长。

（3）信息化、办公厅（室）、人事、财务、资产管理等部门主要负责人为领导小组成员。

软件正版化工作领导小组成员名单详见"软件正版化工作领导小组成员信息表"（附件1）。

（二）工作职责

1. 领导小组组长职责

领导小组组长为软件正版化工作第一责任人，负责审定软件正版化工作年度目标任务、工作计划、经费预算、工作措施、考核评议、年度报告等工作。

2. 领导小组副组长职责

领导小组副组长负责指导并督促软件正版化工作责任部门贯彻落实软件正版化年度工作计划，按期完成软件正版化工作各项年度目标任务。

3. 领导小组成员部门职责

（1）制定软件配置标准。

（2）制订年度软件正版化工作计划。

（3）开展年度软件使用情况检查。

（4）编制年度软件采购预算。

（5）开展年度软件采购工作。

（6）开展软件安装、卸载、升级和维护工作。

（7）建立并维护软件使用管理台账。

（8）开展年度软件正版化工作宣传和培训。

（9）开展年度软件正版化工作考核评议。

（10）开展软件正版化工作年度总结工作。

（11）开展软件使用管理其他日常工作。

信息化部门负责软件正版化工作领导小组日常工作。

二、软件使用部门职责

软件使用部门主要负责人是本部门软件正版化工作的第一责任人，负责配合信息化、办公厅（室）、人事、财务、资产等部门做好软件正版化工作，督促本部门工作人员严格遵守软件正版化工作相关规章制度。

三、工作人员职责

工作人员要签署"使用正版软件承诺书"（附件2），严格遵守软件正版化工作相关规定，不得私自在计算机上安装或卸载软件。

四、责任追究

部门没有落实软件正版化工作相关规定，存在工作人员使用盗版软件的，一经发现，取消该部门年度评优评奖资格。工作人员违反软件正版化工作相关规定，私自安装或卸载软件的，一经发现，取消年度评优评奖资格，视情形扣除年度绩效奖励。

软件日常使用管理规定

软件日常使用管理工作主要包括：制订年度工作计划、编制预算与采购、软件维护管理、督促检查、宣传培训、总结报告等工作。

一、制订年度工作计划

信息化部门牵头制订年度软件正版化工作计划。软件正版化工作计划要明确目标任务、推进措施、进度安排、检查方案等主要内容。

二、编制预算与采购

（1）软件使用部门每年根据实际需要，填报"软件资产使用申请表"（附件3）。

（2）信息化部门统计汇总软件使用部门报送的软件使用需求，依据软件配置原则和流程，编制年度"软件采购计划表"（附件4）。

（3）财务部门确保软件采购经费纳入年度预算，明确资金来源和经费保障，并对预算执行情况进行审核监督。

（4）财务、资产管理部门督促、指导信息化部门严格按照软件采购计划做好软件采购工作。

三、软件维护管理

信息化部门按照《软件台账管理规定》和《软件安装维护管理规定》，做好软件的日常安装、维护和软件台账管理工作。

四、督促检查

（1）信息化部门牵头每年至少开展一次软件使用情况全面检查工作，通报检查结果。对检查发现的问题，督促相关部门认真整改。

（2）信息化部门要注重利用技术手段开展软件使用情况检查，提高检查效率。

五、宣传培训

（1）软件正版化工作领导小组成员部门负责人要参加主管部门举办的软件正版化工作培训班。

（2）信息化部门牵头做好本单位软件正版化工作培训，每年至少举办一次软件正版化工作培训班。

（3）通过专题会议或培训，单位网站，知识竞赛，宣传手册、海报、视频等方式宣传软件正版化工作意义和成果。

六、总结报告

信息化部门牵头总结年度软件正版化工作，重点是软件正版化工作责任落实、软件采购、软件使用管理、督促检查等情况，填写"软件正版化工作信息统计表"（附件5）。

软件配置管理规定

为进一步加强软件配置管理工作，明确软件配置原则，规范软件配置流程，制定本规定。

一、配置原则

（1）软件配置遵循安全性、适用性、经济性和正版化的原则，不得配置非正版软件。

（2）单位使用的商业软件、OEM软件、免费软件均需纳入配置管理，不得配置与工作无关的各类软件。

（3）优先采用场地授权（许可）方式配置软件。

二、配置流程

（1）软件使用部门根据本部门各岗位工作需要，编制岗位软件需求清单，填写"软件资产使用申请表"（附件3）。

（2）信息化部门统计、汇总软件使用部门报送的"软件资产使用申请表"，对软件使用部门需要的相关软件进行统一测试和试用，综合考虑软件的价格、兼容性、安全性和售后服务等因素，确定软件选型，明确软件名称和版本。涉及使用免费软件的，更新"可使用免费软件清单"（附件6）。

（3）信息化部门依据单位软件使用管理台账，梳理单位软件需求与现有软件许可的差异。单位软件许可不足的，编制"软件采购计划表"（附件4）。

（4）财务部门要将软件采购纳入单位年度预算。财务、资产管理部门指导信息化部门完成软件采购。软件采购合同要明确软件名称、版本、授权方式、许可数量、使用年限、兼容性和售后服务等要求。

（5）财务、资产管理部门指导信息化部门做好软件采购相关资料管理工作，重点是软件采购合同、软件授权证书、软件安装序列号等资料的管理工作。

（6）信息化部门负责软件使用管理日常工作。

（7）单位采购的软件，因以下情况申请报废的，需经过信息化部门鉴定，严格履行资产处置报批手续：

①已经达到规定的最低使用年限，且无法继续使用。

②未达到规定的最低使用年限，因技术进步等原因无法继续使用。

③未达到规定的最低使用年限，因计算机硬件报废，且无法迁移到其他计算机上继续使用。

（8）信息化部门在单位新采购软件、报废软件和调整可使用免费软件清单后，更新"软件使用情况汇总表"（附件7）。

软件台账管理规定

为规范软件使用管理工作，及时建立、更新和维护软件台账，全面掌握软件使用情况，提高软件使用效率，制定本规定。

软件台账包括"软件使用情况汇总表"（附件7）、"软件使用情况明细表"（附件8）和"软件安装维护情况明细表"（附件9）。信息化部门负责软件台账的建立、更新和维护工作。

一、软件使用情况汇总表

（1）"软件使用情况汇总表"用于登记单位人数及计算机数总体情况、商业软件使用总体情况、随机预装软件使用总体情况，以及免费软件使用总体情况。

（2）软件名称或软件版本不同的商业软件，使用不同的软件编号。

（3）软件名称及软件版本相同的商业软件，采购时间、采购金额、许可类型、许可数量、可使用版本、许可期限、序列号等任一不相同的，使用不同的软件编号。

（4）通过受赠、调剂等方式获得的商业软件，不填写采购时间、采购金额。

（5）软件名称或软件版本不同的OEM软件，使用不同的软件编号。

（6）OEM软件，不填写采购时间、采购金额、许可类型、许可数量、可使用版本、许可期限、序列号等信息。

（7）软件名称不同的免费软件，使用不同的软件编号。

（8）软件名称相同、软件版本不同的免费软件，使用相同的软件编号。

（9）免费软件，不填写软件版本、采购时间、采购金额、许可类型、许可数量、可使用版本、许可期限、序列号等信息。

（10）新增、处置商业软件后，更新"软件使用情况汇总表"。

（11）新增、处置计算机办公设备后，更新"软件使用情况汇总表"。

（12）调整可使用免费软件清单后，更新"软件使用情况汇总表"。

（13）根据"软件安装维护情况明细表"中登记的软件安装和卸载情况，至少每半年更新"软件使用情况汇总表"一次。

二、软件使用情况明细表

（1）"软件使用情况明细表"登记单位每位工作人员使用计算机办公设备

情况，及相应计算机办公设备中软件安装情况。

（2）工作人员使用的全部计算机办公设备，以及相应计算机办公设备中安装的全部软件，登记在"软件使用情况明细表"中。

（3）根据"软件安装维护情况明细表"中登记的软件安装和卸载情况，至少每半年更新"软件使用情况明细表"一次。

三、软件安装维护情况明细表

（1）"软件安装维护情况明细表"用于登记软件的安装和卸载情况。

（2）根据"软件使用情况汇总表"中的软件编号建立相应软件的"软件安装维护情况明细表"。

（3）每一个软件编号对应的软件，建立一份相应软件的"软件安装维护情况明细表"，用于登记该软件的安装和卸载情况。

（4）在计算机办公设备中安装或卸载软件后，更新相应软件的"软件安装维护情况明细表"。

（5）在计算机办公设备中更新升级商业软件时，更新升级前软件和升级后软件对应的"软件安装维护情况明细表"，分别登记升级前软件的卸载情况和升级后软件的安装情况。

软件安装维护管理规定

为规范软件安装和维护，提高软件资源使用效率，保障信息系统安全高效运行，提升日常工作效率，制定本规定。

一、软件安装或卸载

（1）工作人员不得私自在计算机上安装或卸载软件。

（2）工作人员因个人工作需要，要求安装或卸载软件的，要填写"软件安装维护申请表"（附件10），经审核同意后，由信息化部门安排相关人员负责软件安装或卸载工作。

（3）单位统一部署的软件安装或卸载工作，工作人员无须填写"软件安装维护申请表"。信息化部门将统一部署的软件安装或卸载工作通知相关部门，并安排相关人员负责软件安装或卸载具体工作。

（4）信息化部门相关人员安装或卸载软件后，要完成以下工作：

①填写"软件安装维护确认单"（附件11），要求计算机使用人签字确认软件安装或卸载情况。

②填写"软件安装维护情况明细表"（附件9），登记软件安装或卸载情况。

二、软件升级

（1）工作人员不得私自升级计算机上已安装的商业软件。

（2）工作人员因个人工作需要，要求升级计算机上已安装的商业软件，要填写"软件安装维护申请表"。

（3）软件升级由信息化部门统一部署。信息化部门根据工作人员软件升级需求和单位工作需要，研究制定软件升级方案。

（4）信息化部门负责将统一部署的软件升级工作通知相关部门，并安排相关人员负责软件升级具体工作。

（5）信息化部门相关人员完成软件升级任务后，要完成以下工作：

①填写"软件安装维护确认单"，要求计算机使用人签字确认软件升级情况。

②填写"软件安装维护情况明细表"，分别填写升级前软件卸载情况和升级后软件安装情况。

三、软件台账维护

信息化部门相关人员每半年根据"软件安装维护情况明细表"，更新"软件使用情况汇总表"（附件7）和"软件使用情况明细表"（附件8）。

附件1

软件正版化工作领导小组成员信息表

单位名称（盖章）：_____ 填表人：_____ 联系电话：_____ 填表日期：____年____月____日

序号	分工	姓名	部门	职务	联系电话	传真	备注
1	组长						
2	副组长						
3	成员						
4							
5							
6							
7							
8							

附件2

使用正版软件承诺书

本人承诺严格遵守单位软件正版化工作相关规定,不私自在计算机办公设备及系统中安装或卸载软件。本人若违反单位软件正版化工作相关规定,全部后果由本人负责。

承诺人签字:

年　月　日

附件3

软件资产使用申请表

申请部门：_____ 经手人：_____ 联系电话：_____ 填表日期：____年____月____日

序号	软件类型	软件用途	功能需求	申请许可数（个）	备注
1	操作系统				
2	办公软件				
3	杀毒软件				
4	其他软件				
5					
6					
信息化部门审核		审核人：		年 月 日	
资产部门审核		审核人：		年 月 日	

附件4

软件采购计划表

经手人：_____   联系电话：_____   填表日期：____年____月____日

序号	软件名称	软件版本	单价（元）	许可数（个）	合计（元）	备注
1						
2						
3						
4						
5						
6						
共计						

信息化部门审核   审核人：   年   月   日

资产部门审核   审核人：   年   月   日

财务部门审核   审核人：   年   月   日

单位领导审批   审核人：   年   月   日

附件5

软件正版化工作信息统计表

单位名称（盖章）：____ 填表人：____ 联系电话：____ 填表日期：__年__月__日

一、负责软件正版化工作部门情况

部门名称	部门负责人姓名	部门负责人电话	部门传真

二、人员情况

总人数	使用计算机人数

三、计算机情况

服务器数	台式机数	便携机数	合计

四、本年度软件采购情况

软件来源	操作系统软件（不含预装操作系统）		办公软件		杀毒软件		总计	
	许可数（个）	金额（万元）	许可数（个）	金额（万元）	许可数（个）	金额（万元）	许可数（个）	金额（万元）
国内								
国外								
合计								

五、累计拥有软件许可情况

软件来源	操作系统软件（不含预装操作系统）	办公软件	杀毒软件	总计
国内				
国外				
合计				

附件6

可使用免费软件清单

单位名称（盖章）：_____　　填表人：_____　　联系电话：_____　　填表日期：___年___月___日

序号	软件编号	软件名称	软件版本	软件来源	软件厂商名称	软件厂商客服联系方式	使用部门	使用原因
1								
2								
3								
4								
5								
6								
7								
8								

附件7

软件使用情况汇总表

单位名称（盖章）：_____ 填表人：_____ 联系电话：_____ 填表日期：____年____月____日

	人员情况	总人数		使用计算机人数		
	计算机情况	服务器数		台式机数		便携机数

序号	软件编号	软件名称	软件版本	软件类型	采购时间	采购金额（元）	许可类型	许可数量	可使用版本	许可期限	序列号	安装数量
1				商业软件								
2				商业软件								
3				商业软件								
4				OEM软件				—				
5				OEM软件				—				
6				OEM软件				—				
7				免费软件			—	—				
8				免费软件			—	—				
9				免费软件			—	—				

附件8

软件使用情况明细表

单位名称（盖章）：_____ 填表人：_____ 联系电话：_____ 填表日期：____年____月____日

序号	部门	姓名	计算机编号	计算机品牌	软件编号	软件名称	软件版本	许可期限	软件类型			安装日期
									商业软件	OEM软件	免费软件	
1									☐	☐	☐	
2									☐	☐	☐	
3									☐	☐	☐	
4									☐	☐	☐	
5									☐	☐	☐	
6									☐	☐	☐	
7									☐	☐	☐	
8									☐	☐	☐	
9									☐	☐	☐	
10										☐	☐	
11									☐	☐	☐	
12										☐	☐	

附件9

软件安装维护情况明细表

单位名称：_____ 填表人：_____ 联系电话：_____

一、软件基本信息

软件编号	软件名称	软件版本	软件类型			许可数量	可使用版本	许可期限
			商业软件	OEM软件	免费软件			
			☐	☐	☐			

二、软件安装卸载明细

序号	安装	卸载	计算机编号	计算机品牌	使用人	使用部门	安装/卸装版本	安装/卸载日期	安装数量
1	☐	☐							
2	☐	☐							
3	☐	☐							
4	☐	☐							
5	☐	☐							
6	☐	☐							
7	☐	☐							
8	☐	☐							
9	☐	☐							
10	☐	☐							
11	☐	☐							
12	☐	☐							
13	☐	☐							
14	☐	☐							
15	☐	☐							
16	☐	☐							

附件10

软件安装维护申请表

申请部门			申请人			申请时间		
计算机编号			计算机品牌					
申请类型			软件名称			软件版本		
安装	☐							
卸载	☐							
升级	☐		升级前			升级后		
			软件名称		软件版本	软件名称		软件版本
申请原因								
申请部门审核								
			审核人:			年 月 日		
信息化部门审核								
			审核人:			年 月 日		

附件11

软件安装维护确认单

计算机编号			计算机品牌		
计算机使用人姓名			使用部门		
安装维护类型		软件名称	软件版本	完成情况	
安装	□			□完成	□未完成
卸载	□			□完成	□未完成
升级	□	升级前		升级后		完成情况	
		软件名称	软件版本	软件名称	软件版本		
						□完成	□未完成
计算机使用人确认			签名： 年 月 日		
安装维护人确认			签名： 年 月 日		

附录二

有关法律、司法解释和行政法规

一、相关法律

1. 《中华人民共和国著作权法》
2. 《中华人民共和国刑法》
3. 《中华人民共和国合同法》

二、司法解释

1. 最高人民法院、最高人民检察院关于办理侵犯知识产权刑事案件具体应用法律若干问题的解释
2. 最高人民法院关于审理技术合同纠纷案件适用法律若干问题的解释
3. 最高人民法院关于审理著作权民事纠纷案件适用法律若干问题的解释
4. 最高人民法院关于深圳市帝慧科技实业有限公司与连樟文等计算机软件著作权侵权纠纷案的函
5. 最高人民法院关于审理非法出版物刑事案件具体应用法律若干问题的解释

三、行政法规

1. 《计算机软件保护条例》
2. 国务院办公厅关于印发政府机关使用正版软件管理办法的通知（国办发〔2013〕88号）
3. 国务院办公厅关于进一步做好政府机关使用正版软件工作的通知（国办发〔2010〕47号）
4. 国务院关于印发《鼓励软件产业和集成电路产业发展的若干政策》的通知（国发〔2000〕18号）

5. 国务院关于印发《进一步鼓励软件产业和集成电路产业发展若干政策》的通知（国发〔2011〕4号）

四、部委规章、规范性文件

1. 推进使用正版软件工作部际联席会议关于印发《关于贯彻落实〈政府机关使用正版软件管理办法〉的实施意见》的通知
2. 财政部关于印发《政府机关办公通用软件资产配置标准（试行）》的通知（财行〔2013〕98号）
3. 国家版权局、信息产业部、商务部、财政部、国务院国有资产监督管理委员会、中华全国工商业联合会、中国银行业监督管理委员会、中国证券监督管理委员会、中国保险监督管理委员会关于印发《关于推进企业使用正版软件工作的实施方案》的通知（国权联〔2006〕2号）
4. 信息产业部、国家版权局、商务部关于计算机预装正版操作系统软件有关问题的通知（信部联产〔2006〕199号）
5. 关于进一步加强中央行政事业单位软件资产管理工作的通知（国管资〔2010〕491号）
6. 关于做好使用正版软件专项检查和集中采购有关问题的通知（国管办发〔2010〕31号）
7. 财政部关于进一步做好政府机关使用正版软件工作的通知（财预〔2010〕536号）
8. 关于开展政府机关软件正版化督导检查工作的通知（商秩电〔2010〕2908号）
9. 财政部关于进一步规范和加强政府机关软件资产管理的意见（财行〔2011〕7号）
10. 关于印发《中央行政事业单位软件资产管理暂行办法》的通知（国管资〔2011〕280号）